# PROFESSOR, LEITURA E ESCRITA

*Conselho Acadêmico*
Ataliba Teixeira de Castilho
Carlos Eduardo Lins da Silva
José Luiz Fiorin
Magda Soares
Pedro Paulo Funari
Rosângela Doin de Almeida
Tania Regina de Luca

Proibida a reprodução total ou parcial em qualquer mídia
sem a autorização escrita da editora.
Os infratores estão sujeitos às penas da lei.

A Editora não é responsável pelo conteúdo da Obra,
com o qual não necessariamente concorda. A Autora conhece os fatos narrados,
pelos quais é responsável, assim como se responsabiliza pelos juízos emitidos.

Consulte nosso catálogo completo e últimos lançamentos em **www.editoracontexto.com.br**.

JAURANICE RODRIGUES CAVALCANTI

# PROFESSOR, LEITURA E ESCRITA

*Copyright* © 2010 da Autora

Todos os direitos desta edição reservados à
Editora Contexto (Editora Pinsky Ltda.)

*Montagem de capa e diagramação*
Gustavo S. Vilas Boas
*Preparação de textos*
Da autora
*Revisão*
Rosana Tokimatsu

Dados Internacionais de Catalogação na Publicação (CIP)
(Câmara Brasileira do Livro, SP, Brasil)

Cavalcanti, Jauranice Rodrigues
Professor, leitura e escrita / Jauranice Rodrigues Cavalcanti. –
1. ed., 1ª reimpressão. – São Paulo : Contexto, 2015.

Bibliografia
ISBN 978-85-7244-483-5

1. Escrita 2. Leitura 3. Português – Estudo e ensino 4. Prática de
ensino 5. Professores – Formação profissional 6. Sala de aula – Direção
I. Título.

| 10-06084 | CDD-370.71 |
|---|---|

Índice para catálogo sistemático:
1. Professores de português : Formação profissional : Educação 370.71

2015

EDITORA CONTEXTO
Diretor editorial: *Jaime Pinsky*

Rua Dr. José Elias, 520 – Alto da Lapa
05083-030 – São Paulo – SP
PABX: (11) 3832 5838
contexto@editoracontexto.com.br
www.editoracontexto.com.br

*Agradeço à Fundação de Amparo
à Pesquisa do Estado de São Paulo (Fapesp),
pela bolsa concedida para a realização da
pesquisa que deu origem a este livro.*

# SUMÁRIO

APRESENTAÇÃO ........................................................................... 9

A LEITURA.................................................................................. 13

A leitura autoral........................................................................ 13
Pletora de informações, diferentes pontos de vista? .................. 15
Leituras erradas?....................................................................... 20
A competência genérica............................................................ 24
O conceito de *ethos*................................................................. 29
Os textos e as vozes que os constituem..................................... 33
Não, mas.................................................................................. 41
O simulacro.............................................................................. 44
O primado do interdiscurso....................................................... 46
O diálogo entre textos............................................................... 50
Um caso especial de implícito: a ironia...................................... 52
Indícios de autoria ................................................................... 55
Cenas da enunciação ............................................................... 60
O discurso literário................................................................... 66
O discurso de divulgação científica........................................... 77

A ESCRITA ..................................................................................... 85

    O processo de escrita ................................................................. 85

    As estratégias de dizer............................................................... 98

    Gêneros e retomadas anafóricas................................................ 105

    Problemas de *ethos*................................................................... 119

    A seleção da cenografia ............................................................. 123

    Os vazios do texto...................................................................... 126

    Os vazios nos gêneros literários................................................. 130

    Vazios inadequados: um exemplo .............................................. 134

    A seleção de argumentos ........................................................... 141

    A escrita de textos nas séries iniciais.......................................... 151

A REESCRITA DE TEXTOS............................................................... 161

    Uma redação escolar.................................................................. 173

    A demarcação de vozes no gênero resenha acadêmica .............. 184

    Mudança de *ethos* .................................................................... 188

    Retextualização.......................................................................... 193

PARA ENCERRAR ........................................................................... 199

BIBLIOGRAFIA................................................................................ 201

A AUTORA ...................................................................................... 205

# APRESENTAÇÃO

As reflexões que aparecem neste livro são fruto de minha atuação como docente na escola básica, no ensino universitário e em cursos de formação continuada voltados para professores de Língua Portuguesa. São também fruto de meu percurso como pesquisadora na área da Linguagem, de minha formação, e da constante curiosidade em relação aos fenômenos ligados a esse campo de saber.

No campo do ensino, atuando na formação de professores, constatei as dificuldades de os colegas acompanharem discussões e análises fundamentadas em conceitos teóricos que pouco conheciam, a saber, as teorias de texto e discurso que sustentaram a elaboração de documentos sobre o ensino de Língua Portuguesa a partir da década de 80 do século passado. Ao contrário do que se costuma afirmar, os professores não se mostravam "avessos a teorias", buscando apenas "receitas", mas externavam a disposição em ampliar seu conhecimento para além da gramática normativa, para além do que haviam conhecido e aprendido nos cursos de graduação.

Infelizmente, a sociedade ainda cobra que o professor de português ensine a "escrever e falar corretamente", o que reduz o papel desse profissional ao de *guardião da língua,* um caçador de erros e conhecedor

10 Professor, leitura e escrita

de minúcias. Por outro lado, a esse professor cabe a tarefa de formar leitores críticos, alunos capazes de produzir textos corretos e bem-escritos, recaindo sobre ele a responsabilidade de não promover tal formação nas últimas décadas. Como disse uma aluna minha da graduação: Coitado do professor!

A questão crucial é: como formar alunos leitores, alunos autores de seus textos se boa parte do professorado (proveniente de cursos de graduação de faculdades particulares) não recebeu uma formação adequada para isso? Como formar leitores críticos se o professor, muitas vezes, lê os textos apenas para apreender um conteúdo supostamente materializado em sua superfície ou apenas para observar se o texto apresenta "erros", infrações à norma-padrão?

Este livro tem a pretensão de minimizar possíveis lacunas na formação teórica do professor de Língua Portuguesa. O conjunto de questões aqui abordadas procura contribuir para a construção de um olhar mais curioso (e menos normativo) em relação às manifestações da linguagem, aquelas com as quais o professor se depara dentro e fora da escola. Para isso, sempre tendo textos, a *língua viva*, como ponto de partida (e ponto de chegada), retomo reflexões de pesquisadores da área dos estudos da linguagem, em especial da Análise do Discurso de linha francesa, da Linguística Textual e da Linguística da Enunciação. O meu interlocutor é, portanto, o professor que prepara suas aulas, que busca atuar de forma significativa na formação de seu aluno. Ter o professor como interlocutor privilegiado não significa simplificar as questões teóricas apresentadas, mas abordá-las nos aspectos que considero produtivos, "ilustrados" à medida que vamos procedendo à leitura dos textos, à medida que vamos "descobrindo" como estes produzem os efeitos que produzem, como são tecidos, com quais vozes dialogam etc.

Acredito que o conhecimento teórico é fundamental para levar o professor a assumir-se como autor de suas leituras, autor de seus textos; é necessário para dar a ele condições de preparar seu próprio "arquivo", um material a ser usado em suas aulas, que possibilite desencadear práticas adequadas e produtivas de leitura e escrita.

As reflexões estão divididas em duas partes: uma dedicada à leitura e outra à escrita. Na primeira, apresento textos de diferentes gêneros, sobretudo os que circulam nas grandes mídias, refletindo sobre as "pistas" neles presentes, o papel do leitor e do autor na produção de sentidos. As categorias selecionadas, apresentadas em diferentes capítulos, são retomadas ao longo do livro, o que possibilita ampliar e enriquecer os tópicos abordados.

Na parte dedicada à escrita, discuto questões ligadas à produção de textos, como as *estratégias de dizer*, isto é, os recursos expressivos que podem ser mobilizados para a construção de diferentes efeitos de sentido e a *reescrita de textos*, etapa necessária e fundamental no processo de escrita. Além de apresentar e discutir conceitos ligados ao processo de escrita, proponho atividades que podem desenvolver e enriquecer as habilidades que considero necessárias para a construção de um texto bem-escrito.

Espero que a leitura deste livro contribua, mesmo que de forma tímida, para a formação teórica do professor de Língua Portuguesa.

Gostaria de agradecer a todos que contribuíram para a realização deste livro: professores, alunos, colegas, amigos. Em especial, aos professores que me acolheram no meio acadêmico, Maria Adélia Ferreira Mauro, João Wanderley Geraldi e Sírio Possenti, com quem aprendi e aprendo sempre. Agradeço também, de forma especial, a Fabiana Miqueletti, minha amiga, leitora atenta e generosa.

# A LEITURA

## A leitura autoral

**Ler é construir sentidos**. Essa afirmação é corrente e já se tornou quase que um lugar-comum. Como acontece com tudo o que é repetido de forma automática, acaba-se por não refletir sobre o que seria, afinal, essa afirmação. Assumir a leitura como construção de sentidos significa assumir uma dada concepção de língua, de texto e, também, de leitor (e produtor de textos). Se se concebe a língua como código, não há como falar em construção de sentidos. Isso porque em uma língua-código os sentidos já estariam prontos, "esperando" o leitor para recuperá-los. O papel desse último, como se vê, é reduzido a de um mero decodificador de mensagens.

De forma diferente, a concepção dialógica de linguagem implica a assunção de um *leitor ativo*, um sujeito que interage, via texto, com outras vozes, dentre elas a voz de quem produz o texto objeto de leitura. Aqui cabe a afirmação *ler é construir sentidos*. Chamo essa leitura de *leitura autoral*, uma leitura significativa, não a melhor ou a "correta", mas aquela que permite olhar os textos para além do que manifestam de forma explícita em sua superfície. Isso porque a maior parte dos sentidos que podem ser atribuídos a um texto está submersa, no nível do implícito. Daí a metáfora do *iceberg*, proposta por Koch[1] para situar o objeto da Linguística Textual (LT).

A ideia de que os sentidos estão de antemão prontos, esperando um leitor passivo para recuperá-los, é rejeitada não apenas pelo campo teórico da LT, mas por outros campos que estudam a linguagem, como a Pragmática e a Análise do Discurso (AD). Isso significa atribuir ao leitor um papel bem diferente daquele que lhe é atribuído no esquema comunicacional proposto por Jakobson. Da mesma forma, a linguagem, pensada nessa última teoria como código, passa a ser concebida como opaca, não transparente, como lugar do implícito, do equívoco. Que lugar reservar ao leitor quando se assume a opacidade da linguagem?

As disciplinas citadas no parágrafo anterior, por não tratarem da mesma maneira a questão do sujeito, conferem ao leitor e a suas leituras papéis diferentes. No quadro teórico no qual as reflexões aqui apresentadas se situam, falar de leitor é considerar que esse sujeito, situado em um certo tempo e lugar, é influenciado por essas condições sócio-históricas. Isso significa afastar ideias como a de que as leituras, os sentidos construídos pelo leitor, seriam apenas da ordem do individual, do idiossincrático. Embora a noção de autoria invoque, quase que obrigatoriamente, a ideia de singularidade, ela é aqui entendida como indissociável do social, do histórico, uma vez que somos constituídos por múltiplas vozes sociais (retomando Bakhtin), vozes que nos "acompanham" quando da interação com os textos. A singularidade não diz respeito ao *um,* uma vez que não é possível pensar o sujeito fora das interações das quais participa, fora das esferas sociais por onde circula produzindo textos, produzindo leituras.

A *leitura autoral,* de caráter social e histórico, é construída, assim, por sujeitos ativos, que dialogam com os textos, que interagem com outras compreensões do mundo, avaliando e criticando diferentes pontos de vista. Trata-se de uma leitura que não apenas preenche vazios, preenchimento necessário para construir sentidos, mas também produz outras leituras que podem não coincidir com as hegemônicas. Além disso, acredito que a *leitura autoral* dá ao leitor-professor condições de encontrar os contrapontos necessários para apresentar/compartilhar com seus alunos, de escolher textos que veiculem diferentes pontos de vista, e não somente os avaliados como "naturais" ou necessários.

# Pletora de informações, diferentes pontos de vista?

Neste início de século, o desenvolvimento de novas redes de comunicação provocou um aumento expressivo do fluxo de informações. Normalmente se atribuem sentidos altamente positivos à "revolução tecnológica" que possibilitou a emergência de diferentes mídias, afirmando-se que elas seriam responsáveis pela democratização de informações, isto é, permitiriam a um número enorme de pessoas – o que antes era privilégio de poucos – o acesso ao "conhecimento". No entanto, o aparecimento de inúmeros meios de comunicação não significou necessariamente a criação de espaços que veiculem dados confiáveis ou que contemplem diferentes pontos de vista. Dar-se conta disso é muito importante, já é um primeiro passo em direção a uma interação menos ingênua com os textos que circulam em nosso cotidiano. Vejamos a entrevista a seguir:

> **Boletim: Considerando a extensão do nosso país e sua população de 170 milhões de habitantes, a internet pode se tornar um veículo importante para a democratização da informação?**
> **Bosi:** Acho que ela já está se tornando esse veículo. Para mim, tudo isso tem um ar de grande novidade, porque já estava chegando à maturidade, e até mais do que isso, quando surgiu a internet. Não sou um usuário assíduo dela para as minhas pesquisas e os meus estudos. No meu caso, nada vai substituir o livro, eu preciso sempre dele. Não vou encontrar na internet a qualidade de informação de que preciso.
>
> [...] Como tudo na sociedade de massas, na internet há a veiculação de uma pletora de informações secundárias, marginais, desviantes ou inúteis.
>
> Tenho um neto que agora não vai mais à *Enciclopédia Britânica* ou à *Enciclopédia Delta*. O que ele faz é ir direto para a internet para realizar os trabalhos de aproveitamento do colégio. O que me preocupa é a falta de discernimento. Meu neto está no curso básico; o que ele recebe, vai transmitir, copiar literalmente. Isso está acontecendo até com trabalhos universitários. Sinto que há uma certa informação escolar muito pobre mesmo, muito genérica.
>
> Na internet, existe a possibilidade da condensação, do resumo, que é o contrário da cultura viva. Acho que há a necessidade do diálogo entre professor-professor, entre professor-aluno, entre aluno-aluno sobre as trocas de informações que existem no dia a dia das sociedades. É isso que, acredito, vai fazer com que as pessoas saibam usar a internet. Se a pessoa não tiver essa troca de informações, poderá ficar num nível muito

> elementar de informação ou então puramente descritivo. Esse raciocínio vale para as Ciências Humanas, mas não sei se é assim para as Ciências Biológicas ou as Ciências Exatas. No caso dessas ciências, pode ser diferente.

Fonte: http://www.atica.com.br/entrevistas/?e=121. Acesso em 12 mar. 2007.

O professor Alfredo Bosi aponta a necessidade de, diante da pletora de informações disponíveis na rede, selecionar aquelas que valem a pena ser lidas/conhecidas, as minimamente confiáveis. Não seria o caso de afirmar, como parece sugerir a fala do professor, que o problema resida no suporte: há textos publicados em jornais, revistas ou livros, e não apenas os veiculados on-line, que não apresentam informações relevantes ou mesmo adequadas. O que falta, de acordo com ele, é discernimento, selecionar o que seria interessante ler para entender melhor os assuntos sobre os quais se pesquisa. E tal discernimento viria com o diálogo: entre os alunos, entre os professores, entre esses e seus alunos.

Concordo com o autor, mas para que tal diálogo possa acontecer, é preciso que o professor esteja preparado para orientar as leituras, não apenas a seleção dos textos, mas também o que neles observar para compreender aspectos relevantes para a construção de sentidos, como o ponto de vista do autor sobre o assunto que discute, entre outros.

Ao lado da questão da confiabilidade há também outra, qual seja, a da visibilidade. Os temas a que o grande público tem maior facilidade de acesso são os veiculados pelas grandes mídias, as que detêm grande poder econômico. Como os interesses desses grupos são muito próximos, os textos que veiculam acabam por apresentar, mesmo que de forma implícita, uma mesma visão de mundo. É muito difícil encontrar nesses espaços vozes dissonantes, isto é, pontos de vista diferentes dos apresentados como os "naturais". No que diz respeito ao conteúdo temático dos textos, por exemplo, a predominância de questões ligadas à economia, ao "sr. mercado", é visível. A seleção dos assuntos é feita, assim, levando em conta o que um pequeno grupo considera de interesse da população como um todo.

A homogeneidade atinge não só o plano dos conteúdos, mas também a forma de abordá-los, o que provoca, muitas vezes, um efeito de reconhecimento, de *déjà vu*, a impressão de se estar *sempre* diante da mesma matéria, do *mesmo* artigo de opinião. Os textos jornalísticos, talvez por influência dos manuais, que impuseram uma forte padronização, lançam mão de recursos que procuram o efeito da transparência, o que faz com que não apostem no conhecimento de mundo dos leitores ou que recorram sempre às mesmas estratégias de construção (forma de ordenação das informações e argumentos). Têm-se, assim, textos pouco elaborados, em uma linguagem "mastigada", e ainda acompanhados de quadros e *boxes* do tipo "entenda" e "saiba mais".

Assim, faz-se necessário, se se quer uma interação mais crítica com os textos, montar um *arquivo*, um conjunto de textos que reúna diferentes compreensões sobre os mesmos assuntos. A palavra *arquivo* recebe, nos estudos do discurso, conotações distintas de acordo com a perspectiva teórica adotada. Como empregada aqui, refere-se ao campo de "documentos" disponíveis em uma dada sociedade, *textos* que circulam em diferentes *esferas de atividades*, textos que não podem ser dissociados dos lugares históricos e sociais onde são produzidos, de seus enunciadores, do público que os recebe etc. A importância, seja na escola, seja em outros espaços, de ler mais de um texto que trate do mesmo assunto, ou que com ele se relacione, explicitamente ou não, justifica-se por várias razões. Uma delas, talvez a mais banal: muitos textos, para serem lidos, demandam o conhecimento de outros textos. Sem esse conhecimento, os sentidos (ou boa parte deles) não poderiam ser construídos. Observemos a manchete da coluna de José Simão publicada em 18/05/2006 no periódico *Folha de S. Paulo*:

### Buemba! Gisele rumo ao hexa!

Para que o efeito de humor se produza, o leitor deve conhecer dois episódios tratados pela mídia quando da publicação do texto. Um deles, provavelmente conhecido pela maioria dos leitores, é a campanha da seleção brasileira de futebol em busca do hexacampeonato. Na época, a expressão "rumo ao hexa" passou a fazer parte do cotidiano da população brasileira, aparecendo em diferentes suportes, como faixas, placas e cartazes. Esse conhecimento, avaliado como partilhado entre o enunciador do texto e seus leitores, permite que parte da palavra não apareça (*campeonato*). No entanto, produz-se um efeito de estranhamento e surpresa, que instiga a curiosidade do leitor, e que pode ser explicado pelo aparecimento do agente da ação (Gisele) no enunciado, um agente que não coincide com aquele atribuído à expressão *rumo ao hexa* no contexto conhecido pelo leitor (no qual o agente seria *a seleção brasileira, o povo brasileiro*).

18 Professor, leitura e escrita

O outro episódio, provavelmente não tão conhecido como o anterior, diz respeito a uma entrevista dada pela modelo Gisele Bündchen à revista *Vogue*, que foi divulgada dois dias antes da publicação da coluna do humorista. Vejamos o texto:

---

**Gisele faz revelações de alcova em entrevista à *Vogue Brasil***

Capa da edição de maio da *Vogue Brasil*, Gisele Bündchen resolveu revelar mais do que as belas poses e as estonteantes curvas à revista. Além de um ensaio fotográfico, a publicação fez uma entrevista com a top, que revelou detalhes da carreira, da vida pessoal e...sexual.

Segundo nota do site oficial do São Paulo Fashion Week, a moça fez as contas e revelou o número de homens com os quais teria dormido. "Eu só transei com cinco caras", disse a modelo.

A matemática de Gisele, segundo o site, estaria errada, pelo número de namorados que teve desde os 15 anos. Para saber mais, acesse o site oficial do SPFW.

---

Fonte: http://estilo.uol.com.br/moda/ultnot/2006/05/16/ult630u4408.jhtm. Acesso em 08 mar. 2007.

Das revelações feitas pela modelo, a mais importante seria ligada à sua vida sexual, daí a expressão "revelações de alcova" aparecer no título. A fala veiculada pela matéria, "eu só transei com cinco caras", afirmação contestada no último parágrafo do texto, "migra" para o enunciado produzido pelo colunista, entra para a sua composição. Mas, ao mesmo tempo em que o enunciado leva em conta as palavras da modelo, ele as altera, o que provoca um efeito sarcástico e de humor.

Observe-se que o discurso citado "eu só transei com cinco caras" permite inferir que o próximo relacionamento da modelo será o sexto, que Gisele B. estaria a caminho do sexto (hexa) namorado (transa), "informações" que aparecem no título da coluna. Para compreendê-lo, para construir o efeito de humor, o leitor precisa conhecer essas informações. Esse pequeno exemplo mostra como os textos demandam o conhecimento de outros textos para que possam ser compreendidos.

Mas montar um arquivo não é importante apenas para compreender textos de humor como o do colunista José Simão. Reunir diferentes leituras sobre um mesmo fato é uma excelente oportunidade para constatar que a linguagem não apenas *reflete* a realidade, mas também, e principalmente, a *refrata*. A noção de refração aparece nos escritos de Bakhtin ligada ao próprio funcionamento da linguagem: os signos não só descrevem o mundo, mas constroem diferentes interpretações desse mundo. A ideia de que as palavras seriam neutras, isentas de acentos apreciativos, de que poderiam ser um espelho do real, é rejeitada pelo pensador russo. Para ele, somente o Adão mítico teria pronunciado uma palavra monológica, não perpassada por outras vozes. Assim, todas as palavras da *língua viva* carregam juízos de valor, avaliações.

Existem determinados campos que ainda trabalham com a ideia de que seria possível refletir a realidade de forma objetiva, sem julgamentos de valor. Um deles é o jornalismo. A divisão entre textos opinativos e informativos, que em alguns jornais ainda aparece no topo das páginas, revela essa concepção. Trata-se de conferir à informação o *status* de verdade inquestionável, *os fatos falam por si*. Acreditar nesse bordão é abrir mão de olhar os textos jornalísticos de uma forma mais curiosa e menos desarmada. Vejamos as seguintes manchetes:

**Lula acusa servidor de usar greve como férias**
(*Folha de S. Paulo*, 16 maio 07.)

**Lula diz que greve de servidor pune população**
(*O Estado de S. Paulo*, 16 maio 07.)

As manchetes, publicadas por dois jornais de São Paulo em suas primeiras páginas, referem-se a uma entrevista coletiva do presidente Lula concedida a jornalistas, a primeira do segundo mandato. Os jornalistas, diante de um mesmo *fato*, ouvem as mesmas declarações, as mesmas palavras, mas constroem diferentes interpretações sobre o que presenciaram e ouviram. Uma boa pista a apontar essa diferença é indiciada pelos verbos.

Tanto a Linguística Textual como a Análise do Discurso de linha francesa (AD) estudam os verbos introdutores do discurso relatado. No caso da AD, a citação é pensada como regulada por imposições ligadas ao lugar discursivo de onde o sujeito enuncia. Em outras palavras: o discurso com o qual o sujeito se identifica explica não só *o que* é dito (os enunciados citados), mas também *como* esse dito é relatado. No caso das manchetes apresentadas, o verbo *acusar* aponta para uma avaliação sobre a fala citada, a de que o presidente fez uma incriminação grave aos servidores públicos. Sobre o enunciado citado incide, assim, a valoração e o julgamento do sujeito jornalista, que confere à fala de Lula um tom de incriminação grave, que não aparece na fala veiculada pelo *O Estado de S. Paulo*.

É importante observar que a forma escolhida para apresentar o discurso citado contribui para construir *uma* forma de ver o mundo, aquela que é apresentada ao leitor como *a verdade*. No caso da manchete da *Folha*, o enunciado constrói uma imagem do presidente que vai de encontro àquela que se pode(ria) atribuir a ele, a saber, um presidente solidário à causa dos trabalhadores. Produz-se, assim, um efeito de crítica e mesmo de acusação, uma vez que a fala de Lula, como foi veiculada, soa como traição a uma categoria que no passado ele chegou a representar.

Dessa forma, observar como os mesmos fatos são relatados não só contribui para conhecer diferentes valorações sobre eles, diferentes interpretações sobre o mundo, como também para constatar que muitas dessas interpretações procuram se impor como as legítimas, como a verdade dos fatos e, como tais, inquestionáveis, merecedoras da confiança, da total adesão do leitor.

Embora nem todos os textos se estruturem sobre outros textos, *todos* são construídos dialogando com as vozes que circulam em uma formação social. Para apreender esse diálogo, insisto mais uma vez, é preciso montar um arquivo, ler mais de um texto, ter acesso a diferentes pontos de vista.

## Leituras erradas?

Quando se assume que a leitura é uma atividade complexa, e que o leitor tem papel extremamente relevante nessa atividade, admite-se também a multiplicidade de leituras. Uma das razões para justificar essa multiplicidade é o conhecimento de mundo, a *biblioteca interna*, que varia de leitor para leitor. Isso sem falar nos casos em que o mesmo leitor constrói sentidos diferentes para um mesmo texto em épocas/momentos diferentes.

Os linguistas textuais concordam com a ideia de que os textos permitem uma pluralidade de leituras, mas ressaltam que isso não significa dizer que quaisquer leituras sejam possíveis. Nas palavras de Koch e Elias:[2]

> É claro que com isso não preconizamos que o leitor possa ler qualquer coisa em um texto, pois, como já afirmamos, o sentido não está apenas no leitor, nem no texto, mas na interação autor-texto-leitor.

Assim, o texto não autoriza qualquer leitura. Aqui cabe a pergunta: haveria *leituras erradas?* Essa discussão não figura nas reflexões da Linguística Textual, arrisco dizer que chega a ser evitada, talvez por conta do "perigo" de a expressão sugerir uma hierarquia nas interpretações, isto é, a ideia de que haveria *leituras certas*, as realizadas por "sujeitos iluminados" e outras, as *erradas*, realizadas por sujeitos incapazes. Correndo esse e outros riscos, Possenti empregou a expressão *leitura errada* pela primeira vez em texto publicado em 1990.[3]

Para o analista, pode-se dizer que a leitura de um texto é errada quando não consegue separar as interpretações que funcionam das que não funcionam. Usando o exemplo dado por Possenti: se em uma estrada um motorista se depara com a placa *Pare no acostamento* e a interpreta como uma ordem ou pedido faz uma *leitura errada* da placa.

Em texto mais recente,[4] o analista afirma que continua defendendo a tese de que existem leituras erradas. Mas estas, segundo ele, não são necessariamente decorrentes de alguma incompetência do leitor, mas podem ser explicadas pelo fato de o leitor ou não dispor do conhecimento enciclopédico que o texto exige para ser lido, ou por não aderir ao discurso que o texto materializa.

Concordo com a tese do analista, fazendo as mesmas ressalvas feitas por ele em suas reflexões. A primeira delas: afirmar que existem leituras erradas não significa defender a ideia de que os textos tenham apenas uma leitura correta, a leitura legitimada, que seria dada por um especialista, um *super-leitor*. Outra ressalva: não há como negar que, em sociedades desiguais como a nossa, existem leituras mais prestigiadas que outras (no espaço escolar elas são veiculadas, geralmente, pelo livro didático), mas estas são uma das *muitas leituras* que os textos permitem.

Dito isso, gostaria de discutir um pouco mais a tese de Possenti. Parece-me que, em se tratando do contexto escolar, existe uma preocupação em não se debruçar sobre questões polêmicas, e tratar de leituras erradas é uma delas. No entanto, acredito que o leitor-professor não deve fugir da questão, ainda mais que a ele cabe formar leitores *competentes* (nos termos que aparecem em textos que tratam de exames de avaliação, como o Saeb ou Saresp). Em outras palavras: o professor, ao invés de adotar atitudes paternalistas ou "modernas", como deixar de discutir uma leitura inadequada do aluno por conta de justificativas como "ele só consegue ler isso", ou "toda leitura é possível" deve, junto com seu aluno, discutir os sentidos produzidos para descobrir o que o levou à construção de interpretações não autorizadas pelo texto. Faço minhas as palavras de Geraldi:[5]

Pode o leitor produzir, em sua caminhada interpretativa, leituras inadequadas. Caberá ao professor não a correção de tal leitura, mas descobrir com o leitor os passos desta caminhada, para que este leitor/aluno perceba onde os encadeamentos feitos poderão estar sendo responsáveis pelo sentido final inadequadamente produzido.

Seguindo as reflexões de Possenti, o primeiro ponto a destacar é o "descompasso" que pode acontecer entre o conhecimento de mundo que o texto supõe do leitor e do que este efetivamente dispõe. Foi Umberto Eco quem afirmou que todo texto tem um leitor-modelo, aquele que ajuda o texto (um "mecanismo preguiçoso", segundo ele) a funcionar.

Para Eco, quando um autor produz um texto, faz uma hipótese sobre como este será lido, que caminhos o leitor deve percorrer. Dentre as hipóteses está a que se refere ao tipo de competência exigida para se interpretar o texto. Isso porque o leitor-modelo deve partilhar com o autor um conjunto de competências, entre elas a competência enciclopédica (ou conhecimento de mundo). Esta envolve um conjunto bastante amplo de conhecimentos, que varia de acordo com a sociedade onde se vive, com as experiências que se tem. Se isso não ocorre, a interação autor-leitor fica prejudicada, o que vai provocar, em alguns casos, *leituras erradas*. Vejamos a seguinte tirinha:

Fonte: Dik Browne. *Hagar, o horrível*. São Paulo, Dealer, 1990.

Tiras como a que apresentamos, protagonizadas por Hagar e Eddie Sortudo, produzem o efeito de humor explorando o "descompasso" entre a competência enciclopédica das personagens. Hagar erra ao supor que seu interlocutor dispõe do conhecimento que o enunciado "Mostre-me sua mão" demanda para ser interpretado. Por não conhecer o contexto em que a palavra "mão" significa "cartas", Eddie faz uma *leitura errada* da pergunta de Hagar. Observe-se que constatar que existem leituras erradas, motivadas por problemas na interação locutor-texto-interlocutor, caso da tirinha, não é muito diferente de afirmar que o leitor não pode ler qualquer coisa em um texto (ver a citação de Koch anterior).

Outro fator que pode explicar leituras erradas, talvez mais frequente que o anterior, está ligado à ideologia dos sujeitos. Ao contrário do "descompasso" discutido anteriormente, decorrente da distância entre o conhecimento de mundo que o texto exige para ser lido e aquele de que dispõe o leitor, aqui o "problema" está em outro lugar. Nas palavras de Possenti:[6]

> O processo de "subjetivação" ao qual fomos submetidos durante nossa história, que é sempre a história de grupos ou classes, fez com que víssemos um conjunto de coisas a partir de uma certa grade, que é a "semântica" que comanda nossas falas e nossas leituras. Por isso, por exemplo, não dizemos qualquer coisa. Em geral, aliás, repetimos coisas velhas, os verdadeiros lugares-comuns. Quando o que lemos está de acordo com nossa ideologia, com a nossa grade semântica, então o texto é lido segundo a mesma grade a partir da qual foi produzido. Nesse caso, ele é claro, é legível. Mas, quando lemos um texto que deriva de outra grade, nós não o recebemos segundo a sua grade de produção, mas segundo nossa própria grade prévia (que achamos, modestamente, que é a correta). Assim, lemos no outro texto apenas o que nossa grade permite que leiamos.

O analista cita alguns exemplos: se se é a favor da causa do MST, lê-se na fala de um líder do movimento a palavra "ocupação" como "ocupação"; se se é contra, lê-se "ocupação" como "invasão". Se a posição é favorável a manifestações de rua, entende-se "manifestação" como "manifestação"; se é contrária, lê-se "manifestação de rua" como "desordem", "bagunça". Essas leituras, como ressalta Possenti, não decorrem de alguma lacuna no conhecimento de mundo do leitor, o que implica dizer que não mudariam se este conhecimento fosse ampliado com novos dados ou informações.

Pode-se observar, pelos exemplos oferecidos por Possenti, que diferenças na forma de nomear os acontecimentos (a leitura desses acontecimentos) explicam-se pela avaliação (de aprovação ou repúdio) que os sujeitos fazem (mesmo que de forma inconsciente) sobre esses acontecimentos. Para ilustrar o conceito de grade semântica, observemos a matéria veiculada pela *Folha de S. Paulo* dois dias antes da Parada Gay de São Paulo em 2007. Nela apresentam-se diferentes reações à produção e circulação de um folheto sobre o uso de drogas. Vejamos o seguinte trecho, cujo título é "Panfleto para parada Gay orienta como cheirar cocaína":

> Regina Fachini, vice-presidente da Parada do Orgulho GLBT de São Paulo, diz que o objetivo do texto é "alertar para o risco de contaminação durante o uso de drogas, de acordo com dicas do Ministério da Saúde". "É a ideia de redução de danos para afastar riscos de doenças transmissíveis, como a Aids", diz Fachini.
>
> O material elaborado pela organização da Parada Gay é criticado pelo delegado Wuppslander Ferreira Neto, do Denarc (Departamento de Investigações sobre Narcóticos), que diz que investigará o evento para checar se existe facilitação ou omissão ao tráfico de drogas. "O lançamento de um panfleto assim mostra que a parada reconhece que lá vai se usar cocaína e maconha", diz o delegado. "Esse panfleto é uma aberração. É um incentivo ao uso de drogas e ao tráfico, que são crimes. A preocupação em alertar para cuidados de higiene não pode ser maior que a preocupação sobre o uso de drogas."

Fonte: *Folha de S. Paulo*, 8 jun. 2007.

As divergências nas declarações dos entrevistados podem ser explicadas pela leitura que fazem do panfleto, a leitura que fazem das ideias e argumentos nele presentes. Essa leitura é feita a partir da grade semântica de cada um deles. Para a vice-presidente da Parada, trata-se de um *alerta*, uma recomendação que objetiva afastar riscos e preservar a saúde dos participantes. Para o delegado Ferreira Neto, trata-se de um *incentivo* ao uso de drogas, "uma aberração". Observe-se que o texto do folheto deriva de uma grade diferente daquela do delegado, e este o lê de acordo com a sua grade, de acordo com sua visão de mundo. Isso faz com que leia *incentivo* no lugar de *alerta*, um simulacro do que o folheto diz. A leitura errada do delegado não decorre, assim, da falta de informações, de alguma lacuna em seu conhecimento de mundo. É uma questão de grade semântica.

## A competência genérica

Quando não se consegue perceber o gênero em que se enquadram determinados textos, problemas de compreensão podem surgir. Como destaca Bakhtin,[7] mesmo ignorando sua existência teórica, todos os falantes dispõem de um rico repertório de gêneros do discurso. Isso facilita a comunicação, a interação, porque, ao ouvir/ler um enunciado, nas primeiras palavras já se pode prever de que gênero se trata e, assim, adotar um comportamento adequado em relação a ele. Esse comportamento, que Bakhtin chama de *atitude responsiva ativa*, engloba a adesão, a concordância, a rejeição, a execução de uma ordem etc.

Para Maingueneau,[8] é nossa *competência genérica* que explica o fato de guardarmos um atestado médico a ser entregue ao chefe e jogarmos fora, sem sequer ler, papéis identificados como folhetos publicitários. A ideia de que o gênero condiciona a recepção pode ser, assim, comprovada por situações banais como essa. No que diz respeito à compreensão de textos, o estudioso mostra, analisando um texto extraído de um jornal de Yucatán (México), como a interpretação pode ficar prejudicada, no caso para inúmeros leitores franceses, pela dificuldade em identificar o gênero do discurso.

Dessa forma, na compreensão de textos, além da competência linguística e da enciclopédica, exerce papel relevante o conhecimento que os leitores têm sobre os gêneros do discurso que circulam nas diferentes esferas de atividades, sua *competência genérica*. Maingueneau ressalta que essas diferentes competências interagem no processo de atribuição de sentidos, sendo que uma competência pode suprir lacunas provenientes do recurso a outras.

Pode-se dizer que problemas de compreensão surgem não somente quando há dificuldades em identificar o gênero do discurso. Isso porque, devido ao seu caráter dinâmico, os gêneros podem se combinar, misturar-se. Dessa combinação, lembra Bakhtin, podem resultar renovações nos gêneros que se "misturam", ou mesmo o surgimento de outros. Mas também, acrescente-se, podem surgir textos compostos por elementos de mais de um gênero. Entendo por elementos o *conteúdo temático*, a *construção composicional* e o *estilo* que, de acordo com Bakhtin, fundem-se no *todo* de um enunciado.

Trata-se de textos híbridos, estruturados na forma de um diálogo que não se mostra explicitamente, um diálogo de vozes que se confundem. Assim, em alguns casos, não basta identificar o gênero no qual se produziu o texto, mas também perceber que nele coexistem traços de outro(s) gênero(s), perceber como estes se interpenetram, e em que medida esse diálogo contribui para a construção de sentidos do texto, para sua leitura. Ressalte-se que esse tipo de composição é cada vez mais comum, principalmente na esfera da publicidade.

26 Professor, leitura e escrita

O texto que gostaria de comentar não é ligado à esfera da publicidade, mas à esfera literária. Trata-se de um conto de Rubem Fonseca que figurou em uma prova do Saresp (2003) destinada a alunos do terceiro ano de Ensino Médio. Essa avaliação, de acordo com as informações que aparecem no site da secretaria de educação do estado de São Paulo, procura avaliar a competência leitora e escritora dos alunos. Para isso, apresenta questões de leitura (quase a totalidade da prova) e de redação, esta com um tema a ser desenvolvido. Vejamos o texto:

---

**Corrente**
*Após meses de sofrimento e solidão chega o correio:*
*esta corrente veio da Venezuela escrita por Salomão Fuais*
*para correr mundo*
*faça vinte e quatro cópias e mande a amigos em lugares distantes:*
*antes de nove dias terá surpresa, graças a Santo Antônio.*
*Tem vinte e quatro cópias, mas não tem amigos distantes,*
*José Edouard, Exército venezuelano, esqueceu de distribuir cópias,*
*perdeu o emprego.*
*Lupin Gobery incendiou cópia, casa pegou fogo,*
*metade da família morreu.*
*Mandar então a amigos em lugares próximos*
*Também não tem amigos em lugares próximos.*
*Fecha a casa.*
*Deitado na cama, espera surpresa.*

---

Fonte: FONSECA, Rubem. *Contos reunidos*. São Paulo, Cia. das Letras, 1994.

Dentre as questões de leitura propostas, aparecia a seguinte:

### 35. Uma única palavra permite saber que a personagem principal é

   (A)  uma mulher.
   (B)  um homem.
   (C)  uma criança.
   (D)  uma jovem.

Quando discuti a questão com meus alunos, percebi que muitos deles respondiam que a personagem central do conto era uma mulher, mas a justificativa não era a que eu esperava. Isso porque, como a leitura do texto permite observar, a última passagem (*Fecha a casa/ **Deitado** na cama espera **surpresa***) pode provocar dúvidas sobre a identidade da personagem caso o objeto da ação (a surpresa) seja tomado como um traço avaliativo (ela aguardava/ela estava surpresa). Mas a "pista falsa", isto é, o trecho do texto que levava os alunos a uma interpretação inadequada não era esse, mas sim um anterior, "antes de nove dias terá surpresa, graças a Santo Antônio".

A "palavra" *Santo Antônio* é a que levava à inferência de que a personagem do conto seria uma mulher. É interessante observar que essa interpretação pode(ria) ser reforçada por outros elementos, tais como o sofrimento amoroso com que a personagem da narrativa aparece caracterizada, um sofrimento exacerbado, que a leva à solidão, ao desespero, à reclusão. Em culturas como a nossa, a dor amorosa costuma ser associada à figura feminina e não à masculina. Santo Antônio, o santo casamenteiro, a quem as mulheres costumam recorrer com o objetivo de encontrar a "alma gêmea", apareceria, assim, próximo *daquela* que estaria fazendo o pedido, o de rever o amor perdido. Seguindo tal caminhada interpretativa, o trecho final corroboraria a associação uma vez que apresenta a personagem esperando a surpresa (o amor tão aguardado) que viria de Santo Antônio, uma espera que duraria nove dias.

Penso que a interpretação apresentada no parágrafo anterior decorre de uma "falha" na apreensão do diálogo que o texto engendra entre dois gêneros, o da narrativa e o da corrente, diálogo que já aparece indiciado no título do conto. Há no texto o encontro de duas vozes, sem uma separação nítida entre elas. Para perceber o entrelaçar das vozes, o leitor precisa recorrer a sua competência genérica. É essa competência que diz que enunciados como "*faça vinte e quatro cópias e mande a amigos em lugares distantes*", repletos de ordens e ameaças, figuram em textos produzidos no gênero corrente. A competência genérica também permite reconhecer que o texto lido não se estrutura na forma dos produzidos no gênero conto, mas com elementos típicos de outro gênero (as linhas de comprimento desigual, sua divisão e disposição na página).

Mas cabe a pergunta: por que a competência genérica é crucial para a leitura do conto? No quadro das habilidades a serem avaliadas pela prova, assim aparece a referente à questão proposta:

## 35. Estabelecer a relação entre episódios e/ou sequências descritivas que permitem caracterizar as personagens, ou o cenário, ou a época dos episódios narrados

A habilidade de leitura que aparece no quadro não parece ser a adequada para justificar a resposta da questão. Isso porque não se trata apenas de relacionar episódios a fim de caracterizar personagens, mas de observar o diálogo entre a voz que narra o conto e a que conduz a corrente, a mudança de uma perspectiva para outra. A compreensão do *todo* do texto fica prejudicada se o leitor não atentar para o entrelaçar das vozes, para a presença de um outro texto (um outro gênero) no conto.

A análise apresentada nos parágrafos anteriores mostra que muitos sentidos que podem ser atribuídos ao texto se devem ao fato de que ele foi construído sobre um outro texto/gênero. Uma leitura autoral percebe que as vozes que ressoam no conto não estão apenas justapostas, mas em uma relação de dependência – uma retoma, reitera, expande a outra. Vejamos algumas passagens:

> *faça vinte e quatro cópias e mande a amigos em lugares distantes:*
> *antes de nove dias terá surpresa, graças a Santo Antônio.*
> **Tem vinte e quatro cópias, mas não tem amigos distantes,**
>
> *Mandar então a amigos em lugares próximos*
> **Também não tem amigos em lugares próximos** .

As passagens que aparecem em negrito, conduzidas pela voz do narrador do conto, respondem à anterior, aquela que conduz a corrente. Esta vem carregada de instruções seguidas de promessas. As primeiras são respondidas pela voz do narrador do conto, uma resposta que aponta para a impossibilidade de a personagem cumprir as exigências estipuladas no texto da corrente. O estado em que se encontra, de solidão e abandono, é reforçado por essas retomadas. Tal estado atinge seu clímax na última passagem: como as exigências não podem ser cumpridas, a personagem, resignada, ("deitado na cama") espera a *surpresa* que está por vir (a concretização das ameaças?).

Observe-se que o modo não canônico de compor a narrativa, o alto grau de implicitude do texto, exige do leitor um trabalho para que possa atribuir sentidos. Nesse trabalho, a competência genérica, que aqui aponta para o "encaixe" de um gênero em outro, desempenha um papel extremamente relevante.

## O conceito de *ethos*

Discutimos anteriormente a importância de observar como os acontecimentos/ideias são dados a conhecer ao leitor. Essa apresentação não é neutra, nela já se encontra uma avaliação, uma apreciação sobre o que é dito. O conceito de *ethos* é igualmente importante porque dá conta de analisar o *tom* em que esses acontecimentos/ideias são enunciados, o que é significativo no processo de atribuição de sentidos.

A antiga Retórica chamava de *ethos* os traços que os oradores se atribuíam quando tomavam a palavra, a imagem de si que construíam por intermédio da fala, uma imagem capaz de ganhar a confiança do destinatário (o auditório), capaz de persuadi-lo. Aristóteles distingue diferentes *ethé*: o da pessoa ponderada (*phrônesis*), o de fala franca (*areté*), o que oferece uma imagem agradável, benevolente de si mesmo (*eunoia*).

No campo de estudos do discurso, o conceito de *ethos* aparece em diferentes trabalhos de D. Maingueneau. O analista propõe um duplo deslocamento para a noção, de modo a afastar ideias que a vinculem a efeitos provocados por escolhas individuais e também de modo a poder atribuí-la a textos escritos (e não apenas a textos orais como ocorre na Retórica).

Acredito que a noção de *ethos*, como proposta por Maingueneau, permite análises bastante refinadas, permite a leitura autoral de que falamos. Isso porque dá conta de desvelar elementos ligados à situação discursiva, ao processo interativo. No que diz respeito a esse último, o analista afirma que o fato de os leitores identificarem-se a determinados sentidos, serem levados a partilhar determinados pontos de vista, explica-se pela associação que fazem entre o que é dito e o tom em que esse dito é enunciado, um tom que pode ser moderado, enfático, alegre etc. Em outras palavras: para explicar uma possível adesão do leitor aos sentidos veiculados pelo texto é importante observar o *ethos*.

Maingueneau chama de *incorporação* o efeito provocado pelo tom do enunciador, por seu *ethos*. Nas palavras do analista:[9]

De fato, a incorporação do leitor ultrapassa a simples identificação a uma personagem fiadora. Ela implica um *mundo ético* do qual o fiador é parte pregnante e ao qual ele dá acesso. Esse "mundo ético", ativado por meio da leitura, é um estereótipo cultural que subsume um certo número de situações estereotípicas associadas a comportamentos: a publicidade contemporânea apoia-se maciçamente em tais estereótipos (o mundo ético dos executivos, dos esnobes, das estrelas de cinema etc.).

Assim, a noção de *ethos* permite refletir sobre o processo de adesão dos sujeitos a um certo posicionamento, a um determinado ponto de vista, processo particularmente evidente, de acordo com Maingueneau, quando se trata de discursos como a publicidade, a filosofia, a política.

Vejamos como os textos publicitários ilustram de forma privilegiada as considerações de Maingueneau sobre o efeito de incorporação. Observe-se o que aparece a seguir:

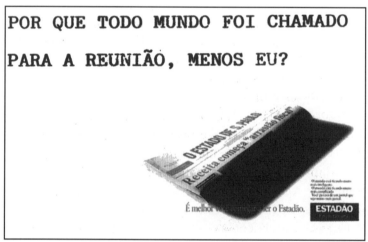

Fonte: *O Estado de S. Paulo.*

De que mundo ético o leitor do texto é convocado a fazer parte? Pelo diálogo entre aquele que não foi chamado para a reunião e aquele que responde a pergunta (*É melhor você começar a ler o Estadão*), trata-se do mundo dos "eleitos", daqueles que participam ativamente das grandes reuniões, das grandes decisões – o mundo dos grandes executivos. Esse mundo aparece associado ao produto anunciado, o que torna imperativa a compra do jornal caso se queira fazer parte do grupo seleto.

Para elaborar o *ethos* do fiador do texto, para construir uma imagem da voz que anuncia o jornal, o leitor apoia-se em determinados índices, em especial naqueles que apontam para a figura oposta a esse fiador, a saber, a voz daquele que está excluído do mundo dos eleitos, o anti*ethos* do fiador do texto. Assim, temos:

| Anti*ethos* | *Ethos* |
|---|---|
| Inseguro | Seguro |
| Desatualizado | Atualizado |
| Vagaroso/Lento | Dinâmico |

É interessante observar que a lentidão da voz do anti*ethos* aparece encarnada no próprio texto: a pergunta que faz está grafada em caracteres de máquinas de escrever e não de computadores. Esse tipo de letra remete a práticas que já não têm lugar no mundo moderno, realizadas por pessoas que "ficaram para trás". A essa maneira de ser corresponde uma maneira de dizer, o tom em que a pergunta é enunciada, qual seja, um tom hesitante, tímido, quase abafado. Opondo-se a ele, o tom em que enuncia o fiador do texto é seguro, firme, sentencioso. Como não desejar ter acesso ao mundo habitado por essa voz?

Mas não é apenas na leitura de textos publicitários que o conceito de *ethos* é produtivo. Quando se trata de apreender aspectos ligados ao processo interativo, ao efeito de incorporação produzido pelos textos, é interessante analisar outras esferas, principalmente aquelas que são formadoras de opinião, como a do jornalismo.

Poder-se-ia pensar, em se tratando da imprensa dita séria, no predomínio de um *ethos* de voz distante, neutro, ponderado, não comprometido pessoalmente. Mas não é bem isso o que ocorre. A propósito dos episódios envolvendo o então deputado José Dirceu, observe-se o seguinte texto:

Há anos Dirceu comanda a Campo Majoritário, facção que, na briga fratricida de tendências pela hegemonia do partido, até hoje conseguiu reinar soberana. [...] Embora as denúncias do mensalão tenham derrubado os quatro principais nomes da Executiva, todos ligados ao Campo Majoritário, seu comandante insiste em não assinar sua rendição. [...] Uma semana depois que tomou posse como novo presidente do partido, Tarso Genro reconheceu que o PT teve, no poder, um comportamento "um pouco arrogante" e tentou ser "monopolista da verdade". Algumas

# 32 Professor, leitura e escrita

> semanas convivendo com as entranhas da máquina montada por Dirceu e seu grupo foram suficientes para convencer o ex-ministro da Educação da necessidade de subir o tom das autocríticas. [...] O reconhecimento talvez tenha vindo tarde demais. Tarso, agora, tenta juntar os cacos do PT, recorrendo às alas que foram alijadas da direção do partido pela quadrilha de Dirceu. Essa turma "limpinha", no entanto, tem um pecado de origem: a falta de conexão com a realidade, fruto de sua crença messiânica no socialismo.

Fonte: Revista *Veja*, 17 maio 2005.

O texto vinha acompanhado da foto do deputado com a seguinte legenda:

## Dirceu: o coveiro do PT opera nas sombras

O que seria importante observar nesse texto para desvelar aspectos ligados ao *ethos*? Ressalte-se que o apagamento do enunciador (o texto é enunciado na terceira pessoa), o que ocorre em boa parte de textos jornalísticos, não impede que o leitor construa uma imagem da voz que enuncia, não impede que elabore um *ethos* da fonte enunciativa. Para isso, apoia-se em determinadas pistas textuais que, no caso do texto da Revista *Veja*, parecem encontrar-se sobretudo no léxico, nas palavras e expressões usadas para fazer referência ao deputado José Dirceu, ao campo majoritário do PT e àqueles ligados a ele.

Observem-se as palavras/expressões: "seu comandante", "o coveiro do PT", "facção", "quadrilha de Dirceu". Essas nomeações como que exigem ser proferidas em um tom radical, quase raivoso. O enunciador não diz apenas que Dirceu e seu grupo são criminosos, mas enuncia essa "verdade" por meio de um *ethos* contundente, de quem não tem dúvidas sobre o que diz. O mesmo ocorre em outras passagens do texto, como em "alas que foram alijadas da direção do partido". Ressalte-se que o número de termos ligados à área militar (*facção, comandante, rendição, alijar, alas*) não só contribui para acentuar a gravidade do que é apresentado, como também para reforçar as características autoritárias e mortíferas atribuídas ao deputado do PT e ao grupo ligado a ele.

Quando o enunciador se volta para o ministro Tarso Genro e para outros segmentos do partido (*alas*), as críticas e acusações continuam fortes, embora um pouco mais amenas. Isso implica uma mudança de tom: o tom raivoso dos trechos anteriores dá lugar a um tom irônico, de deboche. Esse tom aparece concretizado na expressão *turma limpinha*, que vem aspeada.

As aspas são um sinal a ser decifrado pelo leitor. No caso das que aparecem no texto, pode-se notar que não exercem a mesma função: nos trechos "um pouco arrogante" e "monopolista da verdade" indicam ao leitor que essas teriam sido as exatas palavras usadas por Tarso Genro. O efeito que permitem produzir é o de que traços como autoritarismo e arrogância seriam *de fato* as principais características dos grupos ligados ao PT (e não fruto de uma avaliação do enunciador).

Na expressão "turma limpinha", no entanto, as aspas indicam ao leitor que a expressão deve ser lida como uma enunciação irônica, isto é, a "turma" que, segundo o texto, foi afastada da direção do partido por obra do deputado José Dirceu, não deve ser levada a sério. Ambos os grupos (o PT como um todo) aparecem, assim, desqualificados, embora um deles seja alvo de críticas mais veementes e agressivas, enunciadas, como vimos, em um tom também veemente e agressivo.

É justamente esse tom que explica o efeito de incorporação. É importante lembrar que falar de efeito não é a mesma coisa que afirmar que *todos* os leitores do texto identificar-se-ão com as "verdades" enunciadas pelo jornalista. Quando o efeito se produz, o leitor identifica-se com o mundo ético habitado pelo fiador do texto, um mundo a que tem acesso por meio da leitura. No caso do artigo da Revista *Veja*, trata-se do mundo dos que seriam os "brasileiros sérios" que acusam (com absoluta certeza) os "vilões", aqueles capazes de tudo para chegar e ficar no poder. Dessa forma, o tom *raivoso* não só contribui para construir os sentidos do texto, mas também explica uma possível adesão do leitor ao que é dito. Em outras palavras: as ideias apresentadas no texto ganham mais força, um maior poder de persuasão, devido ao tom com que são proferidas.

## Os textos e as vozes que os constituem

Como vimos, para Bakhtin os enunciados nunca se encontram isolados, mas são sempre cercados de outros, constituem-se a partir de outros, com os quais concordam ou polemizam. "O enunciado é um elo na cadeia de comunicação verbal", nas palavras do pensador russo. No entanto, as marcas dessa constituição nem sempre aparecem explicitadas, isto é, nem todas as manifestações de linguagem mostram de forma clara as vozes nelas presentes. O *olhar curioso* pode apreender nos textos diferentes pontos de vista, aderir ou não àqueles que o texto apresenta, refletir sobre o aparecimento ou o silenciamento de determinadas ideias e posições. A leitura autoral é a que percebe esse "concerto" de vozes, mesmo que ele não se mostre de forma marcada no fio do texto, em sua materialidade.

Quando apresentamos o conceito de *competência genérica*, discutimos a "montagem" de um texto de Rubem Fonseca. Nele, a voz que conduzia a narrativa do conto coexistia com aquela que conduzia o texto da corrente. Essas duas vozes se apresentavam de tal forma imbricadas que o leitor, para perceber a presença de uma na outra, deveria recorrer a sua competência genérica. Tratava-se, assim, de um diálogo que não se mostrava de forma clara, que "exigia" um leitor atento e disposto a preencher os muitos espaços em branco que perpassavam o texto.

Na leitura autoral não basta identificar as vozes, reconhecê-las (que vozes estão presentes?), mas também observar o papel que desempenham na construção de sentidos do texto. Como essas vozes são apresentadas? De forma positiva ou negativa? São reiteradas ou rejeitadas? Estão silenciadas? O que teria levado o autor a silenciá-las? A distanciar-se delas? Sem dúvida, refletir sobre essas questões é muito mais interessante do que procurar apreender um conteúdo que estaria supostamente pronto na superfície do texto ou "caçar" possíveis erros gramaticais (o olhar de *guardião da língua*), atitudes que costumam ser cobradas de um professor de Língua Portuguesa. Perguntar-se sobre o "diálogo" de vozes permite não apenas a ampliação do conhecimento de mundo do leitor, por meio de sua interação com outras formas de conceber as coisas do mundo, outras vozes sociais, mas também possibilita que o leitor atente para diferentes formas de o texto acolher ou rejeitar essas vozes.

Na leitura dos textos que fizemos até aqui, empregamos o termo *enunciador* para fazer referência ao ponto de vista a partir do qual se organizam os acontecimentos apresentados ao leitor. No entanto, é importante ressaltar que esse ponto de vista nem sempre coincide com a voz a quem se atribui a responsabilidade pela produção do texto (pelos enunciados que o compõem), com a voz que apresenta os acontecimentos. Essa distinção é bastante relevante especialmente quando da análise de uma série de fenômenos de linguagem, como veremos a seguir.

Dentre as abordagens que tratam a questão das vozes presentes nos textos, destaca-se a *teoria polifônica da enunciação* de Ducrot, teoria que contesta a ideia de que poderíamos ouvir em um enunciado, mesmo que isolado, apenas uma voz. Esse linguista distingue a figura do *locutor* da figura do *enunciador*. A primeira é definida como a instância responsável pela enunciação, o processo de que resulta o enunciado; a segunda representa a perspectiva, o lugar ideológico/cultural do qual se enuncia. Enquanto ao locutor podemos vincular palavras, enunciados que teriam sido ditos (o discurso relatado é um bom exemplo), ao enunciador não podemos, muitas vezes, atribuir palavras precisas. Segundo Ducrot:[10]

> Chamo "enunciadores" estes seres que são considerados como se expressando através da enunciação, sem que para tanto se lhe atribuam palavras precisas. Se eles "falam" é somente no sentido em que a enunciação é vista como expressando seu ponto de vista, sua posição, sua atitude, mas não no sentido material do termo, suas palavras.

É importante observar que, nos casos em que o locutor adere ao ponto de vista de um determinado enunciador, ele pode veicular palavras que materializam esse ponto de vista. É o que podemos observar no seguinte texto:

---

**700 cruzes são fincadas em Copacabana em protesto**

Setecentas cruzes pretas foram fincadas, na manhã de ontem, num trecho de um dos cartões-postais mais conhecidos do país, a praia de Copacabana. Elas representam pessoas assassinadas no Estado do Rio em 2007. Foram espalhadas na areia, em frente ao hotel Copacabana Palace, por membros do movimento Rio de Paz, que reúne estudantes, profissionais liberais e parentes de vítimas. "A ideia veio da necessidade de ajudar o cidadão a medir o que está ocorrendo no Rio. Ter consciência de que ele está sob ameaça constante", disse o teólogo Antônio Carlos Costa.

---

Fonte: *Folha de S. Paulo*, 18 maio 2007.

A notícia sobre as 700 cruzes fincadas na praia de Copacabana em março de 2007 foi divulgada abundantemente por jornais e outras mídias. No texto apresentado, há a voz do jornalista, que é o locutor, uma voz que se esconde na impessoalidade, isto é, que enuncia na terceira pessoa. Aqui já seria interessante a pergunta: por que a voz do locutor costuma aparecer "escondida" nos textos jornalísticos? Já falamos um pouco sobre isso na análise das manchetes da *Folha* e do *Estado,* quando da entrevista concedida pelo presidente Lula aos jornalistas. O recurso de o locutor ausentar-se do enunciado é comum em gêneros que procuram construir o efeito de objetividade.

Na enunciação do locutor-jornalista emerge também a voz de outro locutor, o teólogo Antônio Carlos da Costa. O leitor não terá problemas em identificar essa outra voz, uma vez que aparece separada do restante do texto por meio de aspas. Além disso, a presença do verbo *disse* sinaliza que ali houve um outro ato de fala, outra enunciação. Há, assim, duas vozes, dois locutores, o que comprova a tese de Ducrot de que nos enunciados (os textos) é possível detectar mais de uma voz.

No que se refere ao ponto de vista, a perspectiva a partir da qual é construído o texto, o que seria importante observar? Em se tratando das vozes que constituem o texto da notícia, as seguintes questões seriam importantes: quais foram escolhidas para compor o texto? Que pontos de vista veiculam? A qual ponto de vista adere o locutor-jornalista?

Como vimos, a voz escolhida foi a do teólogo, um integrante do movimento *Rio de Paz.* Às palavras desse locutor associa-se o ponto de vista que afirma a necessidade de movimentos voltados para a conscientização dos moradores do Rio, a necessidade de mobilizações. Há, então, um enunciador cujo ponto de vista é veiculado pelas palavras do locutor instalado no texto. O locutor-jornalista, a voz que apresenta os acontecimentos, adere a esse ponto de vista, o que faz com que o texto seja apresentado ao leitor sob essa perspectiva. O efeito é o de *parecer* que somente ela seria possível, de que não existem outras maneiras de conceber movimentos como os promovidos pela ONG. Nos termos de Ducrot, os dois locutores falam de um mesmo lugar, aderem ao mesmo ponto de vista.

Uma pista importante para perceber a adesão da instância enunciativa responsável pela produção do texto às vozes que dá existência é a própria escolha dessas vozes. No caso do texto acima, o fato de o jornalista dar visibilidade a um locutor (e ao ponto de vista que este representa) e não a outro é significativo. Essa observação pode parecer desnecessária, mas mostra-se relevante quando levamos em conta que muitas vozes sociais não têm espaço nas grandes mídias. Esse silenciamento decorre de uma avaliação que as considera incapazes de despertar o interesse (não merecem ser *notícia*).

No que diz respeito à recusa de vozes, uma pista importante é a ausência de marcas de distanciamento entre o locutor-jornalista e a perspectiva enunciativa apresentada, um distanciamento que pode se mostrar sob diferentes formas, como as aspas, os verbos introdutores do discurso relatado, determinadas glosas (como dizem os X, por exemplo). Consideremos esse pequeno trecho:

> O senador Epitácio Cafeteira (PTB-MA) pediu hoje afastamento do Conselho de Ética do Senado por dez dias. Relator do processo contra o senador Renan Calheiros (PMDB-AL) no conselho, Cafeteira passou mal no sábado e alega estar com problemas de saúde para não participar das atividades do conselho nos próximos dias.

Fonte: http://www1.folha.uol.com.br/folha/brasil/ult96u305183.shtml. Acesso em 18 jun. 2007.

Aqui também na fala do locutor-jornalista (L1) há a presença de outra fala (L2), dois locutores, portanto. Trata-se do senador Cafeteira (L2), incumbido de ser o relator de um processo bastante complicado. Ao contrário do texto anterior, não se pode dizer que o locutor-jornalista adere à perspectiva do locutor instalado no texto. A escolha do verbo *alegar* para introduzir a fala do senador, que aparece em discurso indireto, aponta para um distanciamento do locutor-jornalista em relação à perspectiva veiculada por essa fala (E1), uma vez que esse verbo implica a avaliação de que o motivo apresentado seria uma desculpa, um pretexto, que poderia não corresponder à verdade. Percebe-se, assim, outro ponto de vista, outra perspectiva (E2) que põe sob suspeição o motivo apresentado para o afastamento. A essa última perspectiva não podemos atribuir palavras precisas (retomando Ducrot), já que a fala que contestaria o motivo apresentado não aparece explicitada: trata-se de um posicionamento em relação ao que é relatado, à fala do senador Cafeteira.

Talvez nem todos os leitores percebam essa outra voz, construam o sentido de que o locutor do texto diz indiretamente que o senador Cafeteira poderia estar se ausentando do cargo por outros motivos que não aquele que apresentou. Isso porque, como vimos, os textos são repletos de vazios, que demandam, muitas vezes, leitores perspicazes, atentos a pistas significativas que os levem a uma interação mais crítica com o texto. No caso da notícia sobre o senador, trata-se não somente de ter acesso a uma informação (seu afastamento), mas de desvelar uma posição em relação a essa informação, posição que nem sempre se mostra de forma explícita nos textos jornalísticos, principalmente os noticiosos.

# 38 Professor, leitura e escrita

O leitor curioso pode se interrogar também sobre as razões que levariam o locutor-jornalista à adesão ou ao distanciamento. No caso do primeiro texto, pode-se dizer que a manifestação promovida pelo movimento *Rio de Paz* não poderia receber outro tratamento que não aquele que o apresentasse como necessário, um tratamento que o avaliasse de forma positiva. Isso porque os brasileiros como um todo concorda(ria)m com essa necessidade, com o ponto de vista representado pela fala do teólogo. O mesmo não se pode dizer sobre o segundo texto: temas polêmicos, caso do processo envolvendo o senador Renan Calheiros, abrem mais possibilidades para a emergência de vozes dissonantes, vozes que nem sempre aparecem mostradas nos textos.

Mas mesmo os temas que recebem tratamento consensual podem ser objeto de polêmica, podem receber outras leituras. Ressalte-se que isso ocorre raramente nas grandes mídias. Vejamos o seguinte texto:

> No último sábado do verão, a praia de Copacabana amanheceu com 700 cruzes pretas fincadas na areia no trecho defronte ao Copacabana Palace. Era um protesto contra a morte de igual número de pessoas pela violência no Rio nos primeiros meses do ano, segundo dados de uma ONG (organização não governamental) responsável pelo evento.
>
> Naquela manhã, ao abrir as janelas e deparar com as cruzes, que não estavam ali na véspera, os gringos hospedados no Copa devem ter se encantado com a criatividade brasileira. Que ideia para um comercial de TV – fazer da praia um cemitério! Os bandidos foram ver e também gostaram. Era um reconhecimento à sua capacidade de implantar o terror.
>
> Já o carioca, talvez pela morbidez da ideia, passou ao largo. O espetáculo só atraiu os ativistas. Em compensação, foi intensamente filmado e fotografado – nada mais plástico que o Rio, não? –, e as imagens correram o mundo, acompanhadas de pouco ou nenhum texto.
>
> Nesta segunda-feira, a mesma e funérea ONG promoveu na Cinelândia, no centro da cidade, uma passeata de "luto pelo Rio". O povo foi convocado a usar camisas pretas e portar velas acesas, como num enterro. Apesar do horário – sete da noite, com muita gente nas ruas – e da tradição da Cinelândia como palco de protestos, mais uma vez apenas os ativistas prestigiaram. Pelo visto, o carioca, já campeão mundial de minuto de silêncio, quer salvar o Rio, não enterrá-lo. Performances inspiradas em Zé do Caixão ou no "halloween" são só uma dramaturgia pobre para a indústria do medo – esta, sim, séria – que se tenta impor. Uma indústria ideal para os síndicos que mandam gradear os edifícios, para os blindadores de carros e fabricantes de insulfilme e para ONGs que se candidatam a consciência da população.

Fonte: CASTRO, Ruy. Protestos Fúnebres. *Folha de S. Paulo*, 28 mar. 2007.

Ao contrário do texto anterior, o de Ruy Castro apresenta/discute o tema da violência no Rio sob outro(s) ângulo(s). O fato que desencadeia a coluna do jornalista é o protesto ocorrido na praia de Copacabana, fato que é relatado no primeiro parágrafo do texto. A partir desse ponto, o protesto aparece visto sob a perspectiva de diferentes locutores (e não apenas sob a ótica do mentor da mobilização), todos eles envolvidos, direta ou indiretamente, com a situação grave na qual se encontram os cariocas.

O locutor-jornalista mobiliza, assim, diferentes vozes para construir seu texto, vozes que falam de lugares diferentes e que representam diferentes pontos de vista sobre o problema da violência no Rio. Algumas dessas vozes se apresentam materializadas na fala de locutores presentes no texto, outras não. Observemos como ocorre a mobilização das vozes e seu papel na construção de sentidos do texto.

A primeira voz a que o locutor dá existência é a dos "gringos" que, posicionados de frente para a cena, já que hospedados no Copacabana Palace, louvam o "espetáculo" que presenciam. No entanto, a aprovação não aparece justificada pelas razões esperadas pelo leitor (as apresentadas no texto anterior), mas por outras, veiculadas na fala atribuída aos turistas ("Que ideia para um comercial de TV – fazer da praia um cemitério!"). A hipotética exclamação, mesmo que verossímil (sabe-se que os "gringos" costumam conferir traços exóticos ao Brasil e a manifestações feitas por brasileiros), surpreende, provoca um efeito impactante.

Depois, outra perspectiva, dessa vez a dos bandidos que, como a anterior, aprova a manifestação. O que poderia parecer contraditório (como pensar que bandidos aprovem manifestações contra a violência?) é apresentado como perfeitamente possível: não há dúvidas de que o motivo da aprovação, um reconhecimento à capacidade de implantar o terror, só poderia expressar o ponto de vista dos bandidos. O efeito de verdade que o trecho permite produzir deve-se à "mistura" da fala do locutor com a dos bandidos: "Era um reconhecimento à sua capacidade de implantar o terror".

O carioca, personagem principal da história, não emite qualquer palavra sobre os protestos, mas seu ponto de vista é apresentado, qual seja, o de distanciamento: ele "passa ao largo", recusa-se a participar das mobilizações. O locutor-jornalista se identifica com esse ponto de vista, aproxima-se do carioca, procurando explicar esse silêncio, a indiferença. Essa aproximação já aparecera indiciada pela forma escolhida para nomear o hotel Copacabana Palace: assim como os cariocas, ele também faz referência ao hotel como *o Copa*.

## 40 Professor, leitura e escrita

A "explicação" que é dada ao leitor a seguir não é apresentada como uma verdade inquestionável, o que aproximaria o jornalista daqueles que ele critica (os que pretendem ser a consciência da população). O tom menos incisivo do enunciado, de quem não detém a palavra final, deve-se ao emprego do advérbio *talvez* ("já o carioca, **talvez** pela morbidez da ideia"), termo que veicula a atitude do locutor em relação ao que enuncia.

O ponto de vista do jornalista emerge de forma explícita nas últimas passagens do texto. A ausência do carioca na passeata o autoriza a explicitar as críticas que até então apareciam apenas sugeridas nas falas de outros locutores, falas que apontavam para a posição contrária do jornalista em relação às manifestações. A partir do enunciado "Pelo visto, o carioca, já campeão mundial de minuto de silêncio, quer salvar o Rio, não enterrá-lo", argumenta abertamente contra os protestos.

A expressão escolhida para retomar o referente "performances", *dramaturgia pobre*, indica de forma inequívoca a avaliação do locutor-jornalista em relação a mobilizações como as promovidas pela ONG (cujo nome ele nem dá, outra pista importante a observar). A escolha dessa expressão não só dá ao leitor outra possibilidade de avaliar a manifestação, como também o direciona na construção do(s) sentido(s) do texto, na sua interpretação.

Um argumento importante, talvez o decisivo, que reforça a posição contrária do locutor-jornalista (e a do leitor?) sobre os protestos é o de que eles não seriam apenas inócuos, mas alimentariam a "indústria do medo", uma indústria que acaba beneficiando não apenas bandidos, mas também ONGs e produtores de equipamentos antiviolência. Observem-se, mais uma vez, o teor surpreendente da afirmação e também sua plausibilidade (se os bandidos fossem os únicos a lucrar com a violência, seria muito mais fácil acabar com ela!).

O leitor, ao deparar-se com textos como o que acabamos de comentar, tem a oportunidade de conhecer outras formas de perceber e avaliar os acontecimentos, as coisas do mundo, de enriquecer seu conhecimento sobre diferentes possibilidades de apresentar esses acontecimentos (a forma de apresentar os acontecimentos acaba, como vimos, direcionando a leitura). No caso do texto de Ruy Castro, pode-se dizer que seu poder argumentativo deve-se à emergência de diferentes e surpreendentes perspectivas sobre um assunto aparentemente não polêmico. O leitor pode, assim, repensar o que era dado como consenso, questionar o que parecia inquestionável, (re)posicionar-se.

Assim sendo, na leitura autoral é extremamente relevante perceber as vozes que constituem os textos, observar seu papel na construção de sentidos, no direcionamento do olhar (e da opinião) do leitor.

## Não, mas...

Observar o jogo de vozes pode ser interessante por outras razões além das que apontamos até aqui. A observação também permite "saborear" melhor o que se lê (e aquilo que se ouve), apreciar o caráter humorado e cômico de certas produções, como os textos publicitários. Isso porque os efeitos produzidos decorrem, em grande parte, do fato de esses textos serem construídos dialogando com outros pontos de vista que, muitas vezes, aparecem apenas sugeridos, no nível do implícito. Trata-se, assim, de um espaço em branco que o leitor deve preencher para não apenas construir o efeito de crítica que muitos dos textos publicitários dirigem a seus concorrentes, como também para "descobrir" sua chave de leitura, isto é, os recursos linguísticos responsáveis pela produção de certos efeitos de sentido.

Uma peça publicitária que teve grande repercussão quando de seu lançamento foi a que anunciava um novo sedan, o Nissan Sentra. A campanha procurou criar uma nova imagem para esse modelo de automóvel, geralmente associado a um público masculino mais velho. O mote da campanha aponta para esse propósito: "Nissan Sentra. O sedan que veio para mudar o sedan". No filme veiculado na TV, um grupo musical (*The Uncles*), composto por homens na faixa dos 50 anos, vê o automóvel passar enquanto entoa uma canção, cujos versos aparecem transcritos a seguir:

> Não existe idade pra cair na tentação
> Tanto que um belo dia algo chamou minha atenção
> Um carro prateado, descolado, todo bonitão
> Mas será que é pra mim algo tão moderno assim?
> Não tem cara de tiozão, de tiozão ...
> Não tem cara de tiozão
> Mas acelerou meu coração

Fonte: http://letras.terra.com.br/the-uncles/964013/. Acesso em ago. 2008

A campanha provocou inúmeras reações, sendo acusada, inclusive, de preconceituosa. Dos comentários postados no blog de lançamento do automóvel, alguns exemplificam o olhar de *guardião da língua*, preocupado apenas em encontrar erros, apontar transgressões. Observem-se os que aparecem abaixo:

> Que babaca esta música... Quer dizer uma coisa mas fala outra.. Basta prestar atencao na letra! Dois exemplos: Não é de tiozao MAS nao to nem aí... e depois no refrao: Nao tem cara de tiozao MAS acelerou meu coracao... Ou seja, a palavra MAS nega a afirmacao anterior.. ou seja a letra diz o seguinte: O carro nao tem cara de tiozao e o que acelera o coracao sao as coisas de tiozao... Os caras de marketing precisam entender mais de portugues!!! Babacas, ficamos cantando e achando bonitinho!!!!
>
> Achei ótima a tirada q vcs tiveram, com o lance do "tiozão", mas tem um erro para mim, cabe vcs avaliarem: Não tem cara de tiozão, mas acelerou...O Mas é completamente desnecessário e contradiz a mensagem que vcs quiseram passar. O correto seria: Não tem cara de tiozão, acelerou...
> Ou ainda: Não tem cara de tiozão, e acelerou...

Fonte: http://sempreon.blogspot.com/2007/03/nissan-sentra-cara-de-tiozao-uncles.html#comments. Acesso em 23 jun. 2007.

O que incomoda os autores dos recados, como se pode observar, é o uso do MAS, em especial no refrão da música ("Não tem cara de tiozão MAS acelerou meu coração"). Para eles, esse uso seria inadequado uma vez que estabeleceria uma oposição com o que aparece enunciado anteriormente, o que configuraria uma contradição. Essa leitura pode ser assim representada:

> O carro acelerou o coração
> Logo
> (o carro) Tem cara de tiozão

A confusão poderia ser evitada se os leitores observassem o jogo de vozes que emerge da peça publicitária. Das marcas linguísticas que apontam para a presença de outra(s) voz(es) na fala do locutor da peça publicitária, destacam-se os operadores MAS e NÃO. Observe-se o seguinte enunciado:

### Não existe idade pra cair na tentação

Na teoria polifônica da enunciação, Ducrot descreve a negação recorrendo à distinção entre locutor e enunciador. Para o linguista, a maior parte dos enunciados negativos pode ser analisada como o choque de duas atitudes opostas, atribuídas a enunciadores diferentes. A perspectiva do locutor (E2) corresponde àquela que recusa uma outra (E1), a que faz surgir em seu próprio texto por meio do operador negativo NÃO.

### Existe idade pra cair na tentação (E1)
### Não existe idade pra cair na tentação (E2)

O enunciado envolve, como se pode observar, duas perspectivas, uma que diz que há uma idade "certa" para cometer loucuras, para permitir-se fazer certos gestos/ações, como comprar um carro "diferente"; e outra que afirma que "não existe idade pra cair na tentação". Observe-se que não se trata apenas de opor-se a palavras que teriam sido ditas, mas sim a um discurso que se materializa em enunciados como esse, qual seja, o discurso de que a vida *não* começa aos 40 (o que torna no mínimo estranhas as críticas segundo as quais o texto seria preconceituoso), de que certas ações são inapropriadas para pessoas mais velhas.

Vejamos outro trecho:

### Não tem cara de tiozão
### MAS acelerou meu coração

Ao enunciado negativo liga-se outro por meio do operador argumentativo MAS. As gramáticas normativas classificam esse operador como uma conjunção adversativa e o tratam no nível da frase, o que significa dizer que levam em conta apenas a relação que estabelece entre os elementos *presentes/explicitados* na sequência, uma relação de contraste, de oposição. Nessa perspectiva, que parece ser a que orienta a interpretação dos leitores que criticaram a peça publicitária, haveria apenas um locutor, uma perspectiva presente no que é dito no enunciado. No caso do texto da campanha, esse locutor apresentaria uma proposição seguida de outra, sendo que essa última atribuiria um sentido contrário à primeira, o que configuraria uma incoerência (acelera o coração então o carro tem cara de tiozão), um contraste que comprometeria a "mensagem que quiseram passar", nas palavras do leitor. A incoerência, no entanto, é efeito de uma leitura que não consegue ir além das linhas, uma leitura que não percebe as vozes que falam por meio da voz do locutor do texto.

Como dissemos, o operador argumentativo MAS é uma pista que aponta a presença de mais de uma voz na superfície discursiva. Na teoria polifônica da enunciação, os enunciados de estrutura *p mas q* podem ser assim descritos:

O locutor introduz em seu discurso um argumento possível para uma determinada conclusão (*p*), mas logo em seguida apresenta um argumento decisivo que se opõe ao anterior (*mas q*). No caso do texto da campanha teríamos:

> O carro não tem cara de tiozão (argumento possível *p*)
> (logo) não vai despertar a atenção de tiozões (conclusão)
> (mas) acelerou meu coração (argumento decisivo *q* que contradiz o que apontava a afirmação anterior).

Observe-se que a oposição se estabelece entre o argumento implicado pela informação, e não em relação à informação em si. O que se nega, portanto, não são as palavras que aparecem na primeira parte do enunciado (o carro não tem cara de tiozão MESMO), mas o que elas expressam, isto é, a ideia segundo a qual só carros convencionais (com cara de tiozão) podem despertar o interesse do público-alvo da campanha, público que aparece representado pelos "senhores" (*The Uncles*) que cantam a música.

A análise do texto ilustra, assim, a produtividade dos conceitos de *locutor* e *enunciador* na construção de sentidos, sejam eles de crítica, de humor, ou mesmo aqueles necessários para atribuir coerência ao texto.

## O simulacro

O simulacro, como vimos, é uma *tradução* decorrente de uma leitura que se dá a partir de uma grade semântica diferente daquela em que o texto é produzido (no panfleto distribuído na Parada Gay, no lugar de *alerta*, o delegado lê *incentivo às drogas*). Em outros termos: os enunciados de um discurso são interpretados a partir de outro lugar discursivo, o que gera incompreensões ou *leituras erradas*. Esse tipo de fenômeno ocorre com frequência quando há confronto entre discursos, quando há disputa por sentidos, cada discurso reivindicando para si traços positivos e atribuindo sentidos negativos a seu outro.

Vejamos como a leitura do texto a seguir permite refletir a respeito da construção de discursos por meio de polêmicas:

Fonte: Maitena. *Superadas 2*. Rio de Janeiro, Rocco, 2006.

Trata-se de um ótimo exemplo para ilustrar o princípio bakhtiniano de que não existem enunciados isolados, fora das relações dialógicas. Todos são cercados por outros enunciados, constituem-se a partir de outros. Assim, em todo enunciado podemos ouvir *ao menos* duas vozes, duas posições: a que veicula e aquela a qual se opõe (daí a afirmação de que todo enunciado pode ser lido em seu *direito* e seu *avesso*).

Observe-se que a charge apresenta de forma bem-humorada o embate de dois discursos sobre a emancipação feminina. Aqui, mais uma vez, o operador MAS é uma pista importante para o leitor – aponta que a fala iniciada por ele toma uma direção contrária a um argumento apresentado anteriormente. Nos termos da teoria polifônica da enunciação, os enunciados de estrutura *p mas q* trazem embutidos dois enunciadores, que defendem pontos de vista antagônicos. No caso da cena enunciativa implicada pelo texto, isto é, uma jovem executando uma tarefa tradicionalmente destinada a homens (trocar tomadas), é possível inferir qual teria sido a fala da "mãezinha" que desencadeou a réplica da filha:

No meu tempo mulher não fazia isso, era coisa de homem (argumento p)
(então) não houve emancipação (conclusão)
mas mãezinha... (argumento q)

# 46 Professor, leitura e escrita

A charge apresenta, assim, dois discursos que se relacionam de forma privilegiada na medida em que um constrói sua identidade negando seu outro. A rejeição é estruturada de forma a provocar o efeito cômico, o efeito de humor. Como isso se dá?

A noção de simulacro é importante para investigar a produção desses efeitos. A situação apresentada na charge provoca o riso porque a filha, que representa a mulher moderna, é retratada a partir da semântica de seu *outro*, o discurso que rejeita a igualdade entre os gêneros. Do ponto de vista dessa semântica, o discurso que prega a igualdade entre os sexos (a liberação feminina) é um retrocesso, o que explica o *simulacro de mulher moderna* que o texto permite construir (vivem em um inferno).

Esperamos ter mostrado a relevância da teoria polifônica quando se quer apreender o caráter dialógico dos enunciados, um passo importante/crucial na caminhada interpretativa do leitor, na leitura autoral. Sem dúvida, essa apreensão permite observar aspectos do texto que aparecem "escondidos", no nível do implícito, como críticas indiretas, ou mesmo observar a adesão camuflada do locutor do texto a determinados pontos de vista, adesão que comprometeria sua credibilidade caso aparecesse explicitada.

## O primado do interdiscurso

No campo de estudos da linguagem, outras teorias, além da Semântica Argumentativa, estudam os fenômenos que analisamos até aqui, como o discurso relatado, a negação e as aspas. Os conceitos de *locutor* e *enunciador*, mobilizados para explicar esses fenômenos, aparecem nessa teoria. Já os conceitos de *simulacro* e *ethos*, propostos por D. Maingueneau, inscrevem-se no quadro teórico da Análise do Discurso de linha francesa. Para essa última disciplina, os fenômenos que apresentamos anteriormente (e outros) são considerados manifestações da *heterogeneidade dos discursos*, heterogeneidade que deve ser considerada em planos diversos, dependendo de sua materialização na superfície discursiva.

A *heterogeneidade mostrada* diz respeito a manifestações da linguagem que indiciam de forma marcada a presença de outro discurso em sua constituição. A alteridade aparece indiciada por determinadas marcas linguísticas, como algumas que vimos até aqui, os operadores MAS e NÃO, as aspas, os verbos *dicendi*. A *heterogeneidade constitutiva*, ao contrário, não é tão fácil de ser apreendida, trata-se de um fenômeno de nível mais profundo. Para perceber essa forma de diálogo, é importante ter em mente que os discursos nascem de um *trabalho sobre outros discursos* (o que Maingueneau chama de *primado do interdiscurso*), uma assunção convergente com o princípio bakhtiniano do dialogismo. Nas palavras do pensador russo:[11]

> Mas **em todo enunciado**, contanto que o examinemos com apuro, levando em conta as condições concretas da comunicação verbal, descobriremos as palavras do outro ocultas ou semiocultas, e com graus diferentes de alteridade (grifo adicionado).

Levando em conta a ideia de que os discursos apoiam-se em outros para construir sua identidade, considere-se o seguinte texto:

Fonte: *Folha de S. Paulo*, 12 jun. 2002.

48 Professor, leitura e escrita

Trata-se de uma campanha publicitária veiculada em um jornal de referência de São Paulo, o que implica dizer que é destinada a um determinado público e não a outro. O texto verbal, que está articulado à imagem, aponta o que seria necessário para que as mulheres, implicadas no *você*, conservem seus namorados sempre apaixonados. Pode-se dizer que a expressão "fazer doce", aparentemente ingênua, inscreve-se em um discurso sobre a mulher, um ponto de vista sobre como ela deve portar-se, seu papel nas relações sociais. Isso porque, a exploração de sua ambiguidade, permite produzir diferentes efeitos de sentido, a saber:

1. *Fazer doce*: preparar guloseimas para o namorado (sentido "literal" da expressão);
2. *Fazer doce*: mostrar-se "difícil", não disponível sexualmente.

No caso de 1, a expressão remete a um lugar-comum: o de que é preciso saber preparar quitutes para "segurar" um bom marido (no caso, um namorado). Essa interpretação é reforçada pela imagem que acompanha o texto verbal – uma jovem bonita e sorridente observando um rapaz, também bonito, degustando um prato de doce.

A ideia de que as habilidades culinárias garantiriam a permanência do homem na relação amorosa aparece em ditos populares como "um homem se conquista pelo estômago", "o caminho para o coração de um homem passa pelo estômago" ou "é pelo estômago que se fisga um marido", um saber facilmente recuperável pela leitora do anúncio. Ao retomar enunciados como esses, que veiculam a voz da sabedoria popular, o enunciador do texto confere maior força persuasiva ao que diz, uma vez que tais enunciados costumam ser conhecidos e aceitos pela comunidade.

Em 2, a interpretação "mostrar-se não disponível sexualmente" é possível graças à presença no enunciado do sintagma *no começo*, que evoca um outro saber cultural que deve ser partilhado pela leitora, qual seja, o de que os homens preferem mulheres "difíceis" (ou que se fazem de difíceis), mulheres que não se mostram disponíveis de imediato. A voz que enuncia defende, assim, mesmo que implicitamente, ideias bastante conservadoras sobre a mulher (aquelas que nossas avós/mães defenderiam?), ideias que supostamente não teriam mais lugar em sociedades ditas modernas como a nossa.

Ao contrário da charge da filha e da mãe analisada anteriormente, que também trata do papel da mulher na sociedade moderna, o texto publicitário que aparece acima não apresenta *de forma mostrada* a posição de seu *outro* sobre esse tema, isto é, o ponto de vista segundo o qual a mulher deve ser livre sexualmente, deve ter o direito de não saber ou não querer realizar tarefas tradicionalmente destinadas a ela (cozinhar, preparar quitutes). Em outras palavras: não há no texto marcas claras do discurso da libertação feminina. Mas é em relação a ele que o discurso que prega a "docilidade" da mulher se constitui, é a partir desse *outro*, o seu avesso, que esse discurso constrói sua identidade, que regula o que deve e o que não deve dizer.

Sendo assim, mesmo que os textos não apresentem marcas de alteridade, eles são heterogêneos em sua constituição, relacionam-se *sempre* com outros textos, com outros pontos de vista. Daí a afirmação de que os discursos nascem de um trabalho sobre outros discursos (*o primado do interdiscurso*). No que se refere à campanha publicitária, esse trabalho consiste em recusar, mesmo que de forma silenciosa, as "verdades" do discurso da libertação feminina, em considerá-las de forma negativa, ou mesmo desconsiderá-las. A indiferença em relação a esse outro, já que a controvérsia não aparece explicitada, é, portanto, apenas aparente.

Além da heterogeneidade constitutiva, o texto permite discutir outras questões interessantes. Uma delas refere-se à produção e circulação de discursos. Que condições histórico-sociais permitem que discursos machistas sobre a mulher, como o que aparece materializado no texto da campanha publicitária, ainda tenham lugar em nossa sociedade?

Nas últimas décadas, o número de mulheres que optaram por trabalhar fora "do lar" aumentou de forma significativa. Acompanhando esse processo, teriam aumentado também as dificuldades de encontrar um "namorado apaixonado", "um bom marido", um problema com o qual muitas mulheres se defronta(ria)m, sobretudo as bem-sucedidas profissionalmente (segundo essa perspectiva, o sucesso na vida profissional seria o responsável pelo fracasso na vida amorosa). Nessa leitura, tratar-se-ia de um problema atual e teria uma explicação: seria decorrente do fato de as mulheres terem esquecido certas "lições", como a de que os homens são conquistados pelo estômago e também a de que preferem mulheres "difíceis".

O texto, aproveitando essa brecha, evocando esse "saber", repete, faz circular o velho discurso de que cada gênero deve ocupar o seu respectivo lugar. Há "condições" em nossa sociedade, reais ou não, para que esse discurso (ainda) circule e produza os efeitos pretendidos.

A análise comprova o que afirmamos no início – a necessidade de o leitor montar um arquivo, um conjunto de textos com diversas posições sobre um mesmo tema.

## O diálogo entre textos

Como ressalta Fiorin,[12] a intertextualidade é uma forma de composição de textos, aquela em que há o encontro de duas materialidades linguísticas no interior de um mesmo texto. Essa forma de composição exemplifica o que o autor chama de *segundo conceito de dialogismo*. Para Fiorin:[13]

> Isso pressupõe que toda intertextualidade implica a existência de uma interdiscursividade (relação entre enunciados), mas nem toda interdiscursividade implica uma intertextualidade. Por exemplo, quando um texto não mostrar, no seu fio, o discurso do outro, não há intertextualidade, mas há interdiscursividade.

Essa distinção é importante porque afasta a ideia de que apenas textos que apresentam marcas de alteridade, ou textos construídos sobre outros textos, são dialógicos. Como vimos, a alteridade pode aparecer marcada ou não. No caso de diálogo entre textos, trata-se de uma forma *mostrada* de heterogeneidade, aquela em que um texto faz referência a outro, incorpora esse outro em sua própria organização.

O interessante na leitura de textos que lançam mão desse recurso é não só identificar com qual (is) texto(s) o texto lido estabelece relações, o que em alguns casos é crucial para sua interpretação, mas também atentar para os efeitos de sentido que podem ser produzidos com esse diálogo. Observemos essas questões nos seguintes textos:

**Texto 1**
**O que vem de trás não me atinge**
(Campanha publicitária do automóvel Audi)

**Texto 2**
Brasil
O Zé Pereira chegou de caravela
E perguntou pro guarani da mata virgem

- Sois cristão?
- Não. Sou bravo, sou forte, sou filho da Morte.
Teterê tetê Quizá Quizá Quecê!
Lá longe a onça resmungava Uu! ua! uu!
O negro zonzo saído da fornalha
Tomou a palavra e respondeu
- Sim pela graça de Deus!
Canhem Babá Canhem Babá Cum Cum!
E fizeram o Carnaval!

Fonte: ANDRADE, Oswald de. *Obras completas*. Rio de Janeiro, Civilização Brasileira, 1981.

O texto 1 dialoga com uma frase feita, um tipo de provérbio (*O que vem de baixo não me atinge*), que pode ser recuperada facilmente, já que faz parte do conhecimento enciclopédico dos leitores. Como toda frase feita, os elementos que a compõem formam um todo de sentido, isto é, para funcionar, para produzir os efeitos que produz, é necessário que sejam *esses* elementos e *essa* sequência (a substituição de *baixo* por *cima*, por exemplo, comprometeria esses efeitos). O texto da campanha apropria-se da frase "quebrando" essa fixidez, jogando com as palavras, substituindo uma por outra: *o que vem de trás*. Isso permite um acréscimo/modificação de sentidos: o que vem de trás (=os outros carros) não atinge *mesmo* o carro anunciado. Observe-se que na própria caracterização dos concorrentes está embutida a crítica, uma crítica que precisa ficar no nível do implícito, caso contrário há riscos de o texto produzir uma imagem negativa do locutor (não é politicamente correto falar mal dos concorrentes).

Observe-se que o diálogo se estabelece em relação a um texto bastante conhecido, detentor de um "saber". De acordo com Maingueneau, "todo slogan aspira a ter a autoridade de um provérbio, a ser universalmente reconhecido e aceito pelo conjunto dos falantes de uma língua, de maneira a ser utilizado em qualquer circunstância".[14]

O texto 2 demanda do leitor, para que o diálogo possa ser desvelado, um conhecimento de outros textos literários, das relações que estabelece com pontos de vista sobre o Brasil, sobre a questão da nacionalidade, que são representados nesses textos. Isso não significa que o leitor que não tem esse conhecimento não vai entender o poema, mas sim que essa lacuna será um obstáculo para que preencha determinados vazios do texto, como a crítica a uma certa concepção de nacionalidade brasileira.

Vejamos: ao retomar um verso do *I-Juca Pirama* de Gonçalves Dias ("Sou bravo, sou forte, sou filho da Morte"), o locutor recupera a figura idealizada do índio (típica do Romantismo), dando a ela um novo enfoque, misturando-a com a do colonizador (o Zé Pereira) e também com a figura do negro. A paisagem brasileira, retratada nos poemas românticos de forma também idealizada, se faz presente no poema por meio da onça, um animal selvagem. Essas figuras juntas fazem o carnaval, a alegria, a superioridade de nossa raça, que seria decorrente dessa mistura.

O texto oswaldiano dialoga com o gonçalvino rompendo com o nacionalismo romântico, aquele que precisava esquecer nossas supostas deficiências, o índio selvagem, o negro, a paisagem tropical, e, por isso, revestia-as de um "ar nobre", de sentidos grandiosos, para poderem tornar-se matéria de poesia. O nacionalismo ingênuo é, assim, criticado, parodiado.

Como se pode perceber nos exemplos apresentados, quando um texto dialoga com outros textos, o faz por meio de diferentes formas, explicitando ou não esse diálogo, apostando ou não na competência textual do leitor, em sua *biblioteca interna*. Da mesma forma, o diálogo pode ser construído com objetivos diferentes: retomar os sentidos do texto-fonte seguindo sua orientação argumentativa ou contestar o texto com o qual dialoga. No processo de atribuição de sentidos, é importante apreender esse diálogo e também as leituras que permite construir.

## Um caso especial de implícito: a ironia

A ironia também pode ser discutida levando em conta a teoria polifônica da enunciação: em um enunciado irônico é possível apreender mais de uma voz, a de um locutor e de um enunciador, vozes que representam posições antagônicas. Até aqui nada diferente do que apontamos quando da análise de enunciados com negações polêmicas. Retomando a campanha do sedan:

**Não existe idade pra cair na tentação**

O locutor do texto veicula uma voz que rejeita a ideia de que existe uma idade certa para "cometer loucuras", como comprar o carro anunciado. Essa rejeição aparece materializada pelo marcador negativo NÃO. No caso da ironia, a rejeição é mostrada por outros índices, que nem sempre são interpretados como tais pelo leitor. Essas possíveis dificuldades de interpretação, principalmente na escrita, que não dispõe de recursos como a entonação ou a mímica, explicam o fato de alguns gêneros não acolherem enunciados irônicos com tranquilidade. Observe-se o seguinte verbete, que aparece no *Manual da Redação da Folha*,[15] na seção "Padronização e estilo – convenções e recomendações para escrever um texto claro":

> **Ironia** – Originalmente, pergunta de quem sabe a resposta. Em texto jornalístico, dizer algo diferente do que de fato se pensa pode provocar confusão. Não abuse, portanto. Admite-se o recurso, sem restrições, em textos assinados, ou colunas de bastidores. Mesmo assim, requer cautela: nem sempre a ironia que parece óbvia ao autor é compreendida como tal pelo leitor e, em excesso, tende a irritá-lo.

Embora o *Manual* recomende o uso da ironia apenas nos gêneros ditos opinativos, isso não significa que textos como o noticioso ou a reportagem não apresentem traços irônicos. Vejamos o que aparece a seguir, do gênero coluna de opinião:

> **MADE IN USA**
>
> Os çábios da CIA fizeram mais uma: garantiram a George Bush 2º que os norte-coreanos estavam blefando. Para levantar a moral da burocracia brasileira, outra boa história da çabedoria americana:
>
> 6 de junho de 1973: Robert Gates, um alto burocrata da CIA, está em Genebra, na sala de Paul Nitze, negociador americano na Conferência do Desarmamento. Há um rádio ligado, e Nitze pergunta a Gates se ele tem notícias da crise do Oriente Médio. Gates brilha e explica que há movimentos de tropas na região, mas não haverá guerra. Por duas vezes Nitze perguntou a Gates se entendia francês. Não. Se entendesse, explicou o diplomata, o senhor saberia o que o rádio está dizendo: a guerra já começou.

Fonte: GASPARI, Elio. *Folha de S. Paulo*, 15 out. 2006.

O que autorizaria o leitor a interpretar o texto de Elio Gaspari como irônico? De acordo com a teoria polifônica, o locutor ( L ) faz com que se perceba em sua voz um ponto de vista do qual ele se distancia, o ponto de vista de um enunciador ( E ). O sinal presente no texto que aponta essa dissociação enunciativa é a grafia das palavras *sábio* e *sabedoria* (çábio, çabedoria), grafia que no contexto em que aparece (o texto de um jornalista renomado) não pode ser tomada "ao pé da letra", isto é, não pode ser interpretada como tendo sido provocada por um engano, como sendo da responsabilidade do jornalista, mas sim como uma retomada (*ipsis litteris*) do que pensariam sobre si mesmos os agentes da CIA.

O locutor-jornalista veicula uma ideia que rejeita, mas não de forma clara, e sim apontando seu caráter absurdo, o que faz por meio da grafia das palavras *çábio* e *çabedoria*. É importante lembrar que em nossa sociedade é comum, quando a intenção é caracterizar alguém como ignorante, atribuir a essa pessoa erros de grafia. A rejeição é marcada, assim, pela transcrição "exata" das palavras, de como elas seriam grafadas pelos burocratas.

Em seguida, o locutor-jornalista reproduz uma cena que teria ocorrido em 1973, envolvendo um diplomata (Nitze) e um burocrata da CIA (Gates). O trecho tem a função não apenas de ilustrar o que havia sido apontado de forma irônica anteriormente, mas também o de legitimar/corroborar o argumento implicado na enunciação irônica, qual seja, o da ignorância de agentes da inteligência americana. O motivo que teria levado o locutor a transcrever a história seria "levantar a moral da burocracia brasileira", outro enunciado irônico, uma vez que o relato indicia sua posição em relação a essa última: a de que seria tão ou mais ignorante que a americana. Essa acusação velada é outro espaço em branco que o leitor deve preencher.

Outro ponto importante quando se trata da leitura de enunciados irônicos é observar os efeitos que esses enunciados produzem, isto é, que leitura(s) o texto permite construir. Como se pôde observar, o locutor-jornalista, para rejeitar e desqualificar o *outro*, conta com a participação do leitor, "aposta" que os vazios do texto serão preenchidos, que os enunciados não serão lidos "ao pé da letra". Ao proceder assim, diminui a distância em relação a seu leitor, instaura uma cumplicidade entre eles. Criada a conivência, a possibilidade de produzir efeitos como o da persuasão aumenta bastante. Isso faz com que a ironia seja uma arma argumentativa poderosa, mais eficaz que a simples rejeição.

O recurso à ironia não permite apenas construir do outro uma imagem ridícula e absurda, mas também construir do locutor uma imagem positiva, a de um "ser superior", capaz de enunciar verdades inquestionáveis. Fica(ria), assim, difícil não concordar com essas "verdades", como a de que, em se tratando de inteligência e competência, os integrantes da burocracia brasileira igualam-se aos americanos.

## Indícios de autoria

O que faz com que determinados textos nos impressionem de forma positiva e outros sequer despertem nossa curiosidade? De que decorre o efeito de singularidade que certos textos provocam? Essas questões, importantes para quem se propõe a ler os textos com um *olhar curioso*, remetem às noções de *singularidade* e *autoria*.

Não se pode falar de autoria sem fazer remissão ao clássico de Foucault, *O que é um autor*.[16] O filósofo investiga o que chama de *função-autor*, aquela que caracteriza o modo de existência, funcionamento e circulação de certos discursos, função que permite agrupá-los, selecioná-los, opô-los a outros etc. Quando se diz "isso foi escrito por Fulano" indica-se que não se trata de um discurso cotidiano, mas que deve ser recebido de uma certa maneira, tem um certo estatuto em uma dada sociedade.

Essa função, de acordo com Foucault, não está presente em todos os discursos: "uma carta privada pode bem ter um signatário, mas não tem autor; um contrato pode bem ter um fiador, mas não um autor. Um texto anônimo que se lê numa parede da rua terá um redator, mas não um autor".[17] Dessa forma, Foucault define a função-autor em relação à outra noção – a noção de obra. É a função-autor que confere unidade a uma obra: tem-se autor quando se tem uma obra que pode ser a ele associada.

Possenti, em diversos trabalhos, propõe que a noção de autoria seja redefinida de forma a poder contemplar outros textos que não aqueles que fazem parte de uma obra ou de uma discursividade. Para isso, assume que não há como tratar dessa noção sem considerar outra, qual seja, a de singularidade, que remete, por sua vez, à noção de estilo, entendida como "um certo modo de organizar uma sequência (de qualquer extensão), focando-se como fundamental a relação entre esta organização e um determinado efeito de sentido".[18]

Em outros termos: para o analista, textos *com autoria* são aqueles em que é possível apreender a presença de um autor que realiza um trabalho investindo no *como dizer*, na construção do texto. O sujeito-autor, por meio desse trabalho com a linguagem (que pode ser consciente ou não), confere ao texto um "algo a mais" que pode ser explicado em termos de qualidade, elegância, consistência. Textos *com autoria* são, assim, textos bem-escritos, que produzem o efeito de singularidade. Em textos *sem autoria*, ao contrário, o efeito é o de previsibilidade: o leitor tem a impressão de estar diante de um texto que poderia ter sido escrito por qualquer um ou por ninguém.

Infelizmente, o leitor-professor de Língua Portuguesa, principalmente se já participou de bancas de correção de exames ou vestibulares, deve ter-se deparado muitas vezes com textos cuja leitura provoca o efeito de reconhecimento apontado no parágrafo anterior: a impressão é a de se estar lendo o mesmo texto, a mesma "redação". Isso não significa que tais textos discutam temas previsíveis ou banais, que apresentem argumentos já conhecidos, um problema de "conteúdo", mas sim que a forma de abordá-los, o *como dizer* do texto, não foi trabalhada por seu autor.

As reflexões de Possenti sobre autoria não permitem apenas "descobrir" como determinados textos produzem o efeito de singularidade, mas também observar a produção de outros efeitos, como a imposição de uma dada leitura, de uma certa forma de ver e refratar o mundo. Isso porque a autoria está ligada à instância enunciativa, ao sujeito que enuncia de determinada posição, configurando-se, assim, um lugar privilegiado para observar/analisar a(s) perspectiva(s) que orientam (condicionam?) essa posição, as avaliações do sujeito sobre aquilo que dá a conhecer ao leitor.

Possenti ressalta que não basta que um texto obedeça a exigências de ordem gramatical ou textual para ser um texto de autor. Para ilustrar tal afirmação, analisa um "texto" de cartilha [19]que, mesmo sem problemas de ortografia, morfologia e sintaxe, e embora apresentando laços coesivos, não passa de uma soma de frases soltas, sem densidade alguma, assemelhandose mais a um "esquema" que a um *texto de verdade* (leia-se texto que circularia efetivamente em outras instâncias que não a do contexto escolar).

De que decorre, então, o efeito de singularidade? Como distinguir textos *com* de textos *sem autoria*? Para Possenti, alguém se torna autor quando assume duas atitudes: dar voz a outros enunciadores e manter distância em relação ao próprio texto. Para exemplificar a tese do analista, retomemos textos discutidos até aqui.

A coluna de Ruy Castro oferece diversos exemplos da primeira atitude apontada pelo analista, qual seja, dar voz aos outros. Vejamos o seguinte trecho:

> Naquela manhã, ao abrir as janelas e deparar com as cruzes, que não estavam ali na véspera, os gringos hospedados no Copa devem ter se encantado com a criatividade brasileira. Que ideia para um comercial de TV – fazer da praia um cemitério! Os bandidos foram ver e também gostaram. Era um reconhecimento à sua capacidade de implantar o terror.

Nesse pequeno trecho, o enunciador introduz dois pontos de vista além do seu: o dos gringos e o dos bandidos. Observe-se que não se trata apenas de dar voz aos outros, mas *como* isso é feito. As palavras que teriam sido proferidas por esses locutores ("Que ideia para um comercial de TV – fazer da praia um cemitério / Era um reconhecimento à sua capacidade de implantar o terror") aparecem sem a introdução de verbos *dicendi* (como *dizer, imaginar, pensar*) ou outras marcas que indiciem a alternância da fonte enunciativa (como as aspas ou sinais de pontuação). Essa forma de citação acaba por acentuar o efeito inesperado e impactante do "conteúdo" das falas relatadas.

Embora as vozes se apresentem misturadas, o leitor pode perceber a dissonância enunciativa. Isso porque há uma "diferença de frequência" entre a voz que relata o trecho anterior, que enuncia em um tom "neutro", desapaixonado ("Naquela manhã, ao abrir as janelas e deparar com as cruzes"), e as que surgem no interior do relato, externando impressões e pensamentos surpreendentes. Temos, assim, dois indícios de autoria: a menção de falas/ pensamentos de outros (e também *como* é feita essa menção) e uma aposta no leitor, qual seja, a de que ele não precisa de sinais explícitos (aspas, verbos *dicendi*) para apreender o "concerto" e a dissonância de vozes.

A segunda atitude apontada por Possenti é a de manter distância em relação ao próprio texto. Nas palavras do analista:[20]

> Locutores/enunciadores constituem-se enquanto tais em boa medida por manterem sua posição em relação ao que dizem e em relação a seus interlocutores. Se, numa conversa, suspendem "o que estão dizendo" para explicar-se, diante de alguma reação do outro, visível ou imaginável, é disso que se trata (o locutor diz, por exemplo, "não pense que estou exagerando", "e olhe que não sou bairrista" etc.). Também é bastante frequente que os enunciadores explicitem em que sentido estão empregando certas palavras, ou que se voltem sobre o que disseram para resumir, retomar etc.

Levando em conta a tese do analista, observem-se os trechos de um conto de Rubem Fonseca:

---

**Trecho 1**

É claro que existem aspectos logísticos, na acepção grega original da palavra, relativa a cálculo e raciocínio, a serem observados.

---

# 58 Professor, leitura e escrita

> **Trecho 2**
>
> Abduzi ainda um adipômetro. Estava tomando um expresso no Talho quando uma mulher ao meu lado, toda paramentada para a aula de ginástica, pontificava sobre como manter a forma física. Não adianta comprar uma balança para se pesar nua em pelo, ela dizia, você tem é que medir o grau de adiposidade do seu corpo di-a-ria-men-te. Ela tirou da bolsa uma parafernália e disse, isto aqui é um adipômetro, custa uma ninharia, comprado na televenda da Polishop.

Fonte: FONSECA, Rubem. Nora Rubi. *Ela e outras mulheres*, São Paulo, Companhia das Letras, 2006.

No trecho 1, o locutor do texto "interrompe" o que estava dizendo, distancia-se do próprio texto, para comentar a palavra *logísticos*, voltando-se para o próprio dizer. O desdobramento, *na acepção grega da palavra*, procura afastar sentidos que não aqueles que o locutor considera os legítimos/verdadeiros.

O trecho 2 é bastante rico em indícios de autoria. Para veicular a fala da mulher que cultua o corpo, o locutor, além de introduzi-la por um verbo totalmente adequado ao contexto (*pontificar*), *mostra* ao leitor como esta fala foi pronunciada, seu ritmo e seu tom, na própria superfície do texto ("di-a-ria-men-te"). Para caracterizar e ironizar de forma sutil a figura dessa mulher, também contribui o emprego do termo *paramentada*: a mulher se preparava para as sessões de ginástica como se essas fossem uma cerimônia, uma celebração.

Outro indício de autoria é a forma com que o locutor do texto nomeia o ato que pratica: trata-se de uma *abdução* e não de um *roubo*. Pode-se dizer que é a presença dessas marcas, as marcas de um trabalho de autor, que torna tão prazerosa a leitura de trechos como esses.

Vejamos agora como traços de autoria estão presentes em um texto jornalístico:

> **Filme celebra 90 anos de Marighella**
>
> Ao final da singela "avant-première" de "Marighella – Retrato Falado do Guerreiro", na manhã de anteontem num escritório de Pinheiros, em São Paulo, a meia dúzia de convidados levou algum tempo para se manifestar. Clara Charf, 76, "com muito orgulho", viúva do líder comunista Carlos Marighella, quebrou o emocionado silêncio para dar um abraço sem palavras em Sílvio Tendler, 51, diretor do vídeo documentário de 55 minutos, que será levado ao ar amanhã à noite

pela TV Cultura a partir das 21h. "Descobri o Marighella fazendo este filme", comemorou o diretor, ao receber os abraços. "Confesso que, como menino de classe média, tinha uma imagem pouco simpática do Marighella. Acho que tinha mesmo era um pouco de medo dele". Era exatamente este o objetivo de Clara Charf ao procurar Tendler, há dois anos, para filmar a vida e a obra de Marighella, que completaria 90 anos na próxima quarta-feira, dia 5: mostrar o chamado "outro lado" do personagem apontado pelos militares durante a ditadura de 64 como o perigoso inimigo público número um. [...] "Hoje, eu o entendo e passei a admirá-lo profundamente", diz Tendler. "O filme mostra o que foi Marighella: um patriota nos sentimentos e um libertário na ação." [...] O filme discute exaustivamente a opção pela luta armada feita por Marighella e seus companheiros da Aliança Libertadora Nacional, levando Sílvio Tendler a concluir: "Ao contrário da versão oficial, a luta armada foi consequência e não causa das torturas e de todo o sistema de repressão."

Fonte: KOTSCHO, Ricardo. *Folha de S. Paulo*, 30 nov. 2001.

Logo no início do trecho, o adjetivo *singela* marca a posição do locutor-jornalista sobre o que aparece anunciado no título (o filme lançado), uma posição sobre a própria personagem Marighella. Essa posição é marcada por todo o texto e aparece na forma como o locutor se aproxima das vozes que veiculam um ponto de vista favorável ao guerrilheiro (a viúva Clara Charf e o cineasta Silvio Tendler) e também na forma como se distancia de pontos de vista contrários a Marighella. A própria seleção do que é veiculado já aponta para uma escolha, aquilo avaliado como o mais importante a ser conhecido. Nesse sentido, a fala do cineasta revela a adesão do locutor ao ponto de vista nela embutido: como boa parte dos brasileiros tinha uma imagem negativa (e equivocada) de Marighella, a imposta pelo regime de repressão ("**Descobri** o Marighella fazendo esse filme"). Por outro lado, ao veicular a opinião dos generais sobre Marighella, o locutor distancia-se dela: "**apontado** pelos militares durante a ditadura como o perigoso inimigo público".

Outro indício de autoria é a forma escolhida para fazer referência a Marighella: a expressão "líder comunista" aparece no corpo do texto e as expressões "patriota nos sentimentos" e "libertário na ação" embutidas na fala de Silvio Tendler. Se a posição do locutor fosse contrária à figura do guerrilheiro, essas expressões não apareceriam e sim outras, aquelas que poderiam construir uma imagem negativa do líder (como *terrorista, traidor da pátria* etc.).

Antes de introduzir a última fala, o locutor marca, mais uma vez, sua posição, legitimando o trabalho do cineasta: "O filme discute **exaustivamente** a opção pela luta armada feita por Marighella". Ao caracterizar/avaliar a discussão do filme como *exaustiva*, o locutor afasta a ideia de que poderia ser uma abordagem superficial, apressada, que não seria legítima, confiável. O último enunciado do texto, a conclusão de Tendler (observe o verbo *dicendi* **concluir**), é a leitura que o texto permite construir, aquela que é oferecida ao leitor: "a luta armada foi consequência e não causa das torturas e de todo o sistema de repressão".

Esperamos ter mostrado que o conceito de autoria, tal como proposto por Possenti, é produtivo na leitura de textos, seja no sentido de observar por meio de que trabalho se produz efeitos de singularidade, seja para apreender avaliações e pontos de vista ligados ao produtor do texto.

## Cenas da enunciação

Na discussão que fizemos sobre o *ethos*, apresentamos um texto publicitário que encenava a lentidão da fala de um suposto não consumidor do jornal anunciado. O texto não só sugeria a desatualização da personagem por meio de uma pergunta que teria sido feita por ele, mas também a *mostrava* em sua superfície: as letras eram de uma máquina de escrever, antigas, e não de um computador, modernas.

A leitura do conto "Corrente" de Rubem Fonseca, por seu turno, exemplificou o papel relevante da competência genérica na caminhada interpretativa do leitor. Embora pertencendo a um gênero da esfera literária, o conto estruturava-se na forma de outro gênero: o "conteúdo" dos enunciados, sua disposição na página e outros elementos, encenavam não um conto propriamente, mas um texto do gênero corrente.

Muitas vezes nos deparamos com textos que se apresentam de tal forma que os recebemos (pelo menos a princípio) como pertencendo a um gênero de uma determinada esfera (literária, administrativa etc.), quando, na verdade, estão ligados a outra, têm outros propósitos comunicativos. Para tratar dessa questão, muito importante no processo de atribuição de sentidos, Maingueneau[21] propõe o conceito de *cenas da enunciação*.

De acordo com o analista, na leitura de um texto, o leitor é envolvido em três cenas. São elas:

1. **a cena englobante**: diz respeito à esfera onde o texto é produzido; é o tipo de discurso a que o texto pertence (religioso, publicitário, jornalístico etc.). Para interpretar um determinado texto, uma piada, por exemplo, o leitor deve ser capaz de determinar em que cena englobante se situar para recebê-lo. No caso da piada, se isso não ocorrer, provavelmente, o efeito de humor não se produzirá;

2. **a cena genérica**: o leitor não entra em contato direto com a cena englobante, mas com gêneros de discurso particulares, aqueles que se relacionam às esferas nas quais os textos são produzidos. À esfera do humor, por exemplo, associam-se gêneros como a piada, a charge, a tirinha e outros;

3. **a cenografia**: não é imposta pelo tipo ou pelo gênero, mas construída pelo texto. Um mesmo gênero pode lançar mão de diferentes cenografias, inclusive as *validadas*, isto é, cenas que fazem parte da memória dos leitores, que eles (re)conhecem, como uma carta, uma conversação familiar etc.

Maingueneau ressalta que, em muitos casos, a cena de enunciação reduz-se às duas primeiras cenas, o que ocorre em gêneros como a receita médica, a correspondência administrativa e outros pouco suscetíveis de cenografias variadas. Por outro lado, há aqueles (publicitários, literários, filosóficos) que, devido a seus propósitos comunicativos, exigem a escolha de uma dada cenografia. Levando em conta a proposta do analista, observemos o texto a seguir, veiculado no Caderno *Sinapse* do jornal *Folha de S. Paulo*, caderno que não circula mais:

Eu nunca gostei de ir na escola. Pra mim estudar era muito difícil. Fica lá sentado olhando o professor falar sem parar e sem entender nada do que o professor tá falando. Eu tava certo que eu queria largar a escola pra sempre. Foi aí que a diretora me chamou pra conversar. E não era pra me dar bronca. Ela me chamou pra ser monitor do Programa Coca-Cola de Valorização do Jovem. Eu ia participar ajudando as crianças da 1ª a 4ª série a estudar. Foi aí que eu comecei a ver as coisas de outro jeito. Passei a ter orgulho daquilo que eu não gostava. E fiquei mais orgulhoso ainda quando descobri que eu podia ser útil de verdade, que eu tinha algo a ensinar. Então pensei: se eu sou capaz de ensinar, também sou capaz de aprender. Parei de faltar às aulas, afinal eu também tinha que dar o exemplo. Passei a estudar pra valer e a tirar notas boas. Mudei de verdade. Hoje, eu adoro ir a escola. E para você ter uma idéia de como eu mudei, agora os professores me acham um ótimo aluno. O engraçado é que as crianças que eu monitoro também viraram ótimas alunas. Isso não pode ser influência de professor, né?

Marcelo Luiz Oliveira
Escola Municipal Joaquim Ribeiro - RJ

Eu nunca gostei de ir na escola. Pra mim estudar era muito ~~difícil~~ difícil. Fica lá sentado olhando o professor falar sem parar e sem entender nada do que o professor tá falando. Eu ~~estava~~ certo que eu queria largar a escola pra sempre. Foi aí que a diretora me ~~chamou~~ chamou pra conversar. E não era pra me dar bronca. Ela me chamou pra ser monitor do Programa Coca-Cola de Valorização do Jovem. Eu ia participar ajudando as crianças da 1ª a 4ª série a estudar. Foi aí que eu comecei a ver as coisas de outro jeito. Passei a ter orgulho daquilo que eu não gostava. E fiquei mais orgulhoso ainda quando descobri que eu podia ser útil de verdade, que eu tinha algo a ensinar. Então pensei se eu sou capaz de ensinar, também sou capaz de aprender. Parei de faltar as aulas, afinal eu também tinha que dar o exemplo. Passei a estudar pra valer e a tirar notas boas. Mudei de verdade. Hoje, eu adoro ir à escola. E para você ter uma idéia de como eu mudei, agora os professores me acham um ótimo aluno. O engraçado é que as crianças que eu monitoro também viraram ótimas alunas. Isso só pode ser influência de professor, né?

Sobre a cena de enunciação desse texto pode-se dizer que: a) sua cena englobante é a esfera publicitária; b) sua cena genérica é a de um anúncio; c) sua cenografia é a de uma redação escolar. Embora as duas primeiras cenas representem o quadro cênico do texto, é em relação à última que o leitor se vê confrontado, de tal forma envolvido que, de início, tem a impressão de estar diante de uma redação escolar e não de um anúncio publicitário. Esse deslocamento das cenas englobante e genérica para um segundo plano produz efeitos interessantes, como veremos a seguir.

A campanha poderia apresentar o produto (*Programa Coca-Cola de Valorização do Jovem*) por meio de outras cenografias, no entanto, a cena escolhida é a cenografia necessária para enunciar o que se tem a enunciar. Nas palavras de Maingueneau:[22]

> A escolha da cenografia não é indiferente: o discurso, desenvolvendo-se a partir de sua cenografia, pretende convencer instituindo a cena de enunciação que o legitima.

Não é preciso uma leitura mais atenta para perceber que o texto aparece dividido em dois blocos. Isso porque é bastante visível a diferença entre o início da redação e seu final. As duas partes procuram representar dois momentos na vida do aluno Marcelo, quais sejam, o anterior à sua entrada no *Programa Coca-Cola de Valorização do Jovem* e o posterior. Como esses dois momentos são representados?

Na primeira parte do texto, o aluno fala de suas dificuldades na escola, de como se sentia distante, excluído. Não é apenas o "conteúdo" dos enunciados que revela essa inadequação ("Eu nunca gostei de ir na escola"), o texto a encena, materializa a dificuldade do aluno nas aulas. Assim, a redação que escreve está repleta de "problemas", traços considerados inaceitáveis para o texto de um bom aluno. São eles:

1. letra "feia";
2. texto com rasuras, hesitações;
3. registro informal em um gênero que demanda maior formalidade: *ta, tava, pra*;
4. regência não padrão: *ir na escola*.

É importante ressaltar que, para considerar esses traços inaceitáveis, é preciso associar a noção de *escrever bem* a aspectos como ter letra bonita, não rasurar, não violar regras gramaticais. É essa imagem de escrita que fundamenta o texto, a que ainda tem lugar e circula em nossa sociedade. É a partir dessa representação de escrita que o anúncio publicitário é construído e oferecido ao leitor. Pode-se dizer que para o texto funcionar, isto é, para produzir os efeitos de sentido pretendidos (como o convencimento e a adesão), é necessário o leitor partilhar dessa imagem.

A segunda parte da redação procura representar o momento em que o *Programa* entra na vida do aluno, o início e o processo de transformação ("Foi aí que eu comecei a ver as coisas de outro jeito"). Como no trecho anterior, a mudança positiva é encenada no/pelo próprio texto: a letra vai ficando redonda, as rasuras desaparecem, aparecem os sinais de pontuação, a acentuação (incluindo a crase em *às aulas*, por exemplo) e a regência padrão (*adoro ir à escola*). Trata-se de outro texto, de outro aluno. E isso, de acordo com a leitura que o texto procura construir, graças ao Programa da Coca-Cola.

Vê-se, assim, que a escolha da cenografia é extremamente relevante, é por meio dela que o texto procura convencer, produzir efeitos, mostrar-se verdadeiro. No caso do texto da Coca-Cola, a cena de enunciação construída, a redação de um aluno, é a ideal para dar a conhecer o produto, mostrar sua seriedade e eficácia. É por meio dessa cenografia que o produto dirige-se ao consumidor. Quem mais legítimo para falar em nome do programa anunciado que um aluno supostamente beneficiado por ele?

A voz do aluno, que veicula o ponto de vista do produto, procura estabelecer com o leitor uma relação mais próxima, criar um vínculo com ele. O efeito de adesão, se ocorrer, deve-se à relação interlocutiva que é estabelecida pela cenografia construída pelo texto, ao lugar reservado ao leitor nessa cena, a saber, o de um cidadão preocupado com a qualidade da educação no país, extremamente receptivo a programas como o *Programa Coca-Cola de Valorização do Jovem*.

Como dissemos, o deslocamento das cenas englobante e genérica permite que o leitor receba o texto como uma redação de aluno e não como um anúncio publicitário. Isso faz com que o programa anunciado não seja percebido como um produto, mas sim como uma iniciativa revestida de um valor simbólico.

# O discurso literário. Quem fala aqui? As instâncias da *pessoa*, do *escritor* e do *inscritor*

Observemos o seguinte fragmento. Ele inicia parte do capítulo "Paratopia" do livro *Discurso literário* de D. Maingueneau:[23]

> A complexidade dos processos de subjetivação atuantes na criação literária não se deixa apreender por uma oposição tão grosseira e estática quanto a que distingue um "escritor", um ser de carne e osso dotado de um estado civil, e um "enunciador", correlato de um texto.

Ao contrário do pressuposto segundo o qual o autor empírico (ou sujeito falante) não deveria ser considerado na reflexão sobre o discurso literário, Maingueneau defende a ideia de que a compreensão desse discurso exige que o analista se interrogue sobre sua complexidade enunciativa.

Para o analista os termos "escritor", "autor" e "enunciador" não são satisfatórios, uma vez que são categorias imprecisas e instáveis. O valor deste último, um conceito linguístico recente, permanece, segundo Maingueneau, instável: oscila entre uma concepção de enunciador como instância interior ao enunciado e uma concepção em que é propriamente um locutor, isto é, o indivíduo que produz o discurso.

Assumindo a necessidade de não justapor sujeito biográfico e sujeito enunciador como duas entidades sem comunicação, propõe distinguir não duas, mas três instâncias que denomina *a pessoa, o escritor* e *o inscritor*. Nas palavras do analista:[24]

> A denominação "a pessoa" refere-se ao indivíduo dotado de um estado civil, de uma vida privada. "O escritor" designa o ator que define uma trajetória na instituição literária. Quanto ao neologismo "inscritor", ele subsume ao mesmo tempo as formas de subjetividade enunciativa da cena de fala implicada pelo texto [...] e a cena imposta pelo gênero do discurso: romancista, dramaturgo, contista.

Maingueneau ressalta que as três instâncias não se dispõem em sequência, em termos de cronologia ou estratos, mas cada uma delas é atravessada pelas outras, como três anéis que se entrelaçam. De acordo com ele, a tentação é reduzir o nó composto pelos anéis a um deles: para a história literária, sociologizante ou psicologizante, a redução à *pessoa*;

para as pesquisas sobre as instituições literárias, ao *escritor* e a redução ao *inscritor* no caso de adeptos da obra ou do texto.

Da complexificação da instância autoral proposta pelo analista decorre a reavaliação de um conjunto de obras que representam um problema para os críticos literários. Nelas, em particular os múltiplos gêneros de textos autobiográficos no sentido amplo (diários de escritores ou relatos de viagens), a *pessoa* e o *escritor* são conduzidos ao primeiro plano, o que leva os especialistas a se interrogarem se se trata de textos literários ou não.

Para dar conta dessa questão, Maingueneau aponta dois regimes que a literatura reúne: o regime *delocutivo*, em que o autor se oculta diante dos mundos que instaura, e o regime *elocutivo*, no qual as três instâncias, a *pessoa*, o *escritor* e o *inscritor*, conjuntamente mobilizadas, sobrepõem-se. Os dois regimes não são independentes, mas "alimentam-se um do outro segundo modalidades que variam a depender das conjunturas históricas e dos posicionamentos dos diferentes autores".[25]

Há autores que assumem a hierarquia entre os dois regimes: criam textos delocutivos e eventualmente produções elocutivas como diários, relatos de viagem etc. Sobre autores que produzem textos delocutivos e elocutivos, Maingueneau afirma que os leitores leem esses últimos, que relatam episódios da "pessoa", por terem sido escritos por um determinado "escritor", que mostra no texto produzido seu talento de "inscritor". Exemplificando com a obra *Un voyageur solitaire est un diable*, uma coletânea de lembranças de uma viagem, do escritor Henry de Montherlant, Maingueneau observa:[26]

> Há, portanto, um trabalho de legitimação recíproca: o leitor só lê esse relato de viagens porque é uma narrativa do escritor Montherlant, mas esse relato de viagem permite legitimar o posicionamento deste último na instituição literária e o valor de sua obra. Mediante um processo retroativo, esse livro vem reforçar a representação que dele fizeram seus leitores a partir de textos do regime 'delocutivo'.

As reflexões apresentadas nos parágrafos anteriores têm por objetivo fundamentar nossa discussão a respeito da complexidade enunciativa de textos literários. Como se pode observar, trata-se de um avanço em relação às abordagens do texto literário na medida em que contemplam questões que nós leitores (e não apenas os especialistas) nos fazemos

68  Professor, leitura e escrita

vez por outra. Com efeito, por mais que saibamos que não há como confundir o narrador de Brás Cubas com a pessoa de Machado de Assis, há textos que nos levam a interrogar sobre a fronteira entre as instâncias da *pessoa*, do *escritor* e do *inscritor*. Por exemplo: o que há da *pessoa* e do *escritor* Manuel Bandeira em *Vou-me embora pra Pasárgada*? E de Carlos Drummond de Andrade em *Campo de flores*?[27] Isso sem falar nos romances autobiográficos que, por sua própria natureza, mesclam e confundem essas instâncias.

No caso desses últimos, o nome de Graciliano Ramos é representativo. Trata-se de um escritor cuja obra é composta de textos do regime delocutivo e do elocutivo. As observações de Maingueneau sobre escritores que assumem a hierarquia entre os dois regimes, bem como sobre a interferência entre eles, podem ser aplicadas ao autor de *Infância* e *Memórias do cárcere*. São dois romances de memórias, publicados em 1945 e 1953,[28] respectivamente, cuja leitura e análise muito se enriqueceriam com a consideração das instâncias da *pessoa*, do *escritor* e do *inscritor*.

É interessante observar que a metáfora dos anéis que se juntam formando um nó borromeu, sugerida por Maingueneau para fazer referência ao entrelaçamento das três instâncias, não poderia ser mais adequada à obra de Graciliano como um todo. A leitura de seus romances, tanto do regime delocutivo como do elocutivo, comprova que[29]

> através do *inscritor*, é também a *pessoa* e o *escritor* que enunciam; através da *pessoa*, é também o *inscritor* e o *escritor* que vivem; através do *escritor*, é também a *pessoa* e o *inscritor* que traçam sua trajetória no espaço literário.

O próprio Graciliano, em entrevistas que concedeu, quando fala sobre aspectos de sua escrita, entrelaça as três instâncias, tornando imprecisa a hierarquia entre os regimes delocutivo e o regime elocutivo. Observe-se o fragmento a seguir:

> – Sua obra de ficção é autobiográfica?
> – Não se lembra do que lhe disse a respeito do delírio no hospital?[30] Nunca pude sair de mim mesmo. Só posso escrever o que sou. E se as personagens se comportam de modos diferentes é porque não sou um só. Em determinadas situações procederia como esta ou aquela das minhas personagens. Se fosse analfabeto, por exemplo, seria tal qual Fabiano...[31]

Dessa forma, nos textos do regime delocutivo, como em *Vidas Secas* e *São Bernardo*, há passagens que remetem à instância da *pessoa*, colocada em primeiro plano no romance *Infância*. O capítulo "O menino mais velho" de *Vidas Secas*, por exemplo, relata um diálogo entre o filho mais velho e Sinhá Vitória que reaparece, com pequenas modificações, em *Infância*, no capítulo "Inferno", no diálogo entre o menino personagem e sua mãe.[32]

Outro aspecto interessante, também ligado à interação das instâncias, é o fato de certos críticos "encontrarem" a razão do pessimismo e desencanto do escritor Graciliano nas memórias do menino Graciliano, tomando esse pessimismo como chave para fazer a leitura da obra do escritor. Nesse sentido, o fragmento abaixo é ilustrativo:[33]

> [...] só vejo um caminho seguro para a compreensão do fenômeno literário chamado Graciliano Ramos, a criação levando ao criador e o criador levando à criança, ao menino que existiu nele e nunca morreu inteiramente. **Em Graciliano Ramos, o menino Graciliano é tudo**. Seus heróis são o menino, sua timidez é a do menino, seu pessimismo é o do menino. Em uma palavra: o sentido que tem do humano é o que o menino adquiriu no contato com os homens que o cercavam, com quem travou as primeiras relações, de quem recebeu as primeiras ordens, que conheceu nas suas inúmeras fraquezas (grifo adicionado).

Como se vê, o risco em reduzir as instâncias a uma só (a pessoa = o menino), empreendendo análises autobiográficas, é grande. Para evitá-lo, parece proveitoso, então, procurar trabalhar com as instâncias sugeridas por Maingueneau, levando em conta a complexidade enunciativa. Nas linhas que seguem, procuraremos ler alguns trechos de *Infância* lançando mão das categorias de *pessoa, escritor* e *inscritor*. Observe-se o seguinte excerto:[34]

> Achava-me empoleirado no balcão, abrindo caixas e pacotes, examinando as miudezas da prateleira. Meu pai, de bom humor, apontava-me objetos singulares e explicava o préstimo deles.
> Demorei a atenção nuns cadernos de capa enfeitada por três faixas verticais, borrões, nódoas cobertas de riscos semelhantes aos dos jornais e dos livros. Tive a ideia infeliz de abrir um desses folhetos, percorri as páginas amarelas, de papel ordinário. Meu pai tentou avivar-me a curiosidade valorizando com energia as linhas mal-impressas, falhadas, antipáticas. Afirmou que as pessoas familiarizadas com elas dispunham de armas terríveis. Isto me pareceu absurdo: os traços insignificantes não tinham feição perigosa de armas. Ouvi os louvores, incrédulo. [...]

70  Professor, leitura e escrita

Aí meu pai me perguntou se eu não desejava inteirar-me daquelas mara-vilhas, tornar-me um sujeito sabido como Padre João Inácio e o advogado Bento Américo. Respondi que não. Padre João Inácio me fazia medo, e o advogado Bento Américo, notável na opinião do júri, residia longe da vila e não me interessava. Meu pai insistiu em considerar esses dois homens como padrões e relacionou-os com as cartilhas da prateleira. Largou pela segunda vez a interrogação pérfida. Não me sentia propenso a adivinhar os sinais pretos do papel amarelo? [...]
E a aprendizagem começou ali mesmo, com a indicação de cinco letras já conhecidas de nome. [...] No dia seguinte surgiram outras, depois outras – e iniciou-se a escravidão imposta ardilosamente. Condenaram-me à tarefa odiosa, e como não me era possível realizá-la convenientemente, as horas se dobravam, todo o tempo se consumia nela. Agora eu não tocava nos pa-cotes de ferragem e miudezas, não me absorvia nas estampas das peças de chita: ficava sentado num caixão, sem pensamento, a carta sobre os joelhos. Meu pai não tinha vocação para o ensino, mas quis meter-me o alfabeto na cabeça. Resisti, ele teimou – e o resultado foi um desastre. Cedo revelou impaciência e assustou-me. Atirava rápido meia dúzia de letras, ia jogar solo. À tarde pegava um côvado, levava-me para a sala de visitas – e a lição era tempestuosa. Se não visse o côvado, eu ainda poderia dizer al-guma coisa. Vendo-o, calava-me. Um pedaço de madeira, negro, pesado, da largura de quatro dedos. [...]
Enfim consegui familiarizar-me com as letras quase todas. Aí me exibiram outras vinte e cinco, diferentes das primeiras e com os mesmos nomes delas. Atordoamento, preguiça, desespero, vontade de acabar-me. Veio terceiro alfabeto, veio quarto, e a confusão se estabeleceu, um horror de quiproquós. Quatro sinais com uma só denominação. Se me habituassem às maiúsculas, deixando as minúsculas para mais tarde, talvez não me em-brutecesse. Jogaram-me simultaneamente maldades grandes e pequenas, impressas e manuscritas. Um inferno. Resignei-me – e venci as malvadas. Duas, porém, se defenderam: as miseráveis dentais que ainda hoje me causam dissabores quando escrevo.

O capítulo "Leitura", no qual figura o fragmento apresentado, relata as primeiras experiências do narrador com as letras. Em outros e diversos momentos de *Infância*, há passagens que enfocam o menino enfrentando os livros, seja na escola ou no ambiente familiar. Como se observa, o primeiro contato (e os seguintes) nada tem de prazeroso. Ao contrário, im-pressiona a crueza do relato, a violência do pai, o sofrimento do menino.

O que dizer da voz que conduz o relato, por meio da qual o leitor tem acesso ao mundo do menino Graciliano? Trata-se da voz do menino (a *pessoa*), do *escritor* ou do *inscritor*? Na verdade, essas três instâncias estão imbricadas, uma recobrindo e "invadindo" a outra.

Sobre a primeira instância, é preciso levar em conta que a voz da personagem criança confunde-se com a do narrador adulto, as duas vozes se fundem em diversas passagens. Observemos os seguintes trechos:

> Aí meu pai me perguntou se eu não desejava inteirar-me daquelas maravilhas, tornar-me um sujeito sabido como Padre João Inácio e o advogado Bento Américo.
> Meu pai insistiu em considerar esses dois homens como padrões e relacionou-os com as cartilhas da prateleira. Largou pela segunda vez a interrogação pérfida. Não me sentia propenso a adivinhar os sinais pretos do papel amarelo?
> Agora eu não tocava nos pacotes de ferragem e miudezas, não me absorvia nas estampas das peças de chita: ficava sentado num caixão, sem pensamento, a carta sobre os joelhos.

Há nos trechos a presença de, pelo menos, duas vozes no fio do discurso: a do menino e a do narrador adulto. A desse último permeia todo o relato, fazendo-se presente, por exemplo, na interpretação e avaliação das ações (incluindo os atos de fala) e comportamento das personagens. Assim em "Largou pela segunda vez a interrogação pérfida", o verbo selecionado para introduzir a pergunta do pai (*largou*) resulta de uma avaliação do narrador adulto sobre essa fala, sobre como foi emitida, a saber, de maneira abrupta. Da mesma forma, o adjetivo *pérfida* (em "interrogação pérfida") implica uma apreciação do narrador adulto a respeito da pergunta lançada.

Em "Não me sentia propenso a adivinhar os sinais pretos do papel amarelo?", a voz do pai surge misturada à do menino, uma citação em discurso indireto livre. O ponto de vista da criança se faz presente na expressão "os sinais pretos do papel amarelo", a que é usada pela personagem para fazer referência às linhas impressas. Observe-se que esse ponto de vista é bem diferente daquele do pai, para quem as letras são "as maravilhas". A discordância permite, assim, que o leitor relacione a pergunta a duas instâncias enunciativas.

O dêitico temporal *agora* que aparece no enunciado "**Agora** eu não tocava nos pacotes de ferragem e miudezas" muda a organização temporal predominante, feita em relação a um momento no pretérito, o tempo de *então*. O efeito é a diluição dos limites entre o passado e o presente (momento da enunciação do narrador) e a produção do efeito de realidade: é como se a cena continuasse a se desenrolar no momento presente, que estivesse bem viva (e marcada) na memória (as vozes do menino e do narrador adulto se confundem). Observe-se que o emprego dos verbos no pretérito imperfeito (*tocava, absorvia, ficava*) confirma o caráter prolongado das ações relatadas, do sofrimento do menino: "**ficava** sentado num caixão, sem pensamento, a carta sobre os joelhos".

Sobre a instância do escritor, é importante lembrar que ela não se separa da instância anterior. A própria seleção dos acontecimentos relatados aponta para a imbricação da *pessoa* e do *escritor*. Isso porque se trata do relato das primeiras experiências do escritor com a palavra escrita, com o mundo dos livros. Nesse sentido, *Infância* pode ser lido como a história da formação de um grande escritor. É por meio do menino que fala o escritor Graciliano, por meio da voz da *pessoa* que o *escritor* vai (re) afirmando e legitimando sua posição no campo literário, o valor de sua obra.

Observe-se o fragmento:

> Jogaram-me simultaneamente maldades grandes e pequenas, impressas e manuscritas. Um inferno. Resignei-me – e venci as malvadas. Duas, porém, se defenderam: as miseráveis dentais que ainda hoje me causam dissabores quando escrevo.

A instância do escritor emerge no último enunciado do trecho, colocando-se ao lado da instância da pessoa. O dêitico *hoje* remete à passagem ao momento e ao lugar onde o narrador adulto enuncia. Trata-se de um comentário a respeito da relação do escritor com a escrita, os problemas que lhe causam as consoantes T e D, as "miseráveis dentais". A "confissão" da dificuldade, que reaparece em outras passagens de *Infância*, contribui para construir a imagem de escritor para quem o processo de escrita é árduo, trabalhoso, a imagem de escritor extremamente crítico em relação a sua obra. Observe-se a passagem a seguir:

> Essas moças tinham o vezo de afirmar o contrário do que desejavam. Notei a singularidade quando principiaram a elogiar o meu paletó cor de macaco. Examinavam-no sérias, achavam o pano e os aviamentos de qualidade superior, o feitio admirável. Envaideci-me: nunca havia reparado em tais vantagens. Mas os gabos se prolongaram, trouxeram-me desconfiança. Percebi afinal que elas zombavam e não me susceptibilizei. Longe disso: achei curiosa aquela maneira de falar pelo avesso, diferente das grosserias a que me habituara. Em geral me diziam com franqueza que a roupa não me assentava no corpo, sobrava nos sovacos. [...]

Guardei a lição, conservei longos anos esse paletó. Conformado, avaliei o forro, as dobras e os pespontos das minhas ações cor de macaco. Paciência, tinha de ser assim. **Se ainda hoje fingem tolerar-me um romance, observo-lhe cuidadoso as mangas, as costuras, e vejo-o como ele é realmente: chinfrim e cor de macaco** (grifo adicionado).

Note-se que o fragmento destacado em negrito embaralha as instâncias da *pessoa* e do *escritor*. A compreensão do narrador, em relação às moças, irônicas e zombeteiras, não contempla a figura da personagem e a do narrador adulto. Ao contrário, é com rigor que avalia suas ações nos anos que sucedem ao episódio: são *cor de macaco*, uma metáfora extremamente expressiva. O mesmo julgamento implacável é feito em relação a seus romances. Passagens como essa constroem a imagem do escritor crítico, rigoroso e meticuloso, bem de acordo com o posicionamento de Graciliano Ramos no campo literário.[35]

O que faz com que reconheçamos o fragmento apresentado como parte da obra de Graciliano Ramos? Para responder essa questão é preciso considerar a instância do *inscritor*, inseparável das instâncias da *pessoa* e do *escritor*. Em outras palavras, do texto emergem a pessoa e o escritor por meio de um *modo de dizer* singular, que poderíamos chamar de *estilo graciliano*.

Que traços caracterizam esse estilo? Para alguns críticos (Carpeaux e Martins, por exemplo), o traço mais evidente do estilo do escritor é tomar como objeto de narração não ambientes ou a própria sociedade, mas o mundo interior das personagens, na maioria das vezes, um "mundo infernal". Tal caracterização, como se observa, privilegia o plano do conteúdo dos textos, a seleção dos temas (o homem atormentado, as "ilusões perdidas"[36]). Consideramos que não é possível dissociar tal plano do *modo de dizer* dos textos, da maneira como o escritor elabora, (re) cria o universo que narra.

O conceito de *cenografia*, proposto por Maingueneau, permite que se considerem aspectos ligados à materialidade do texto, responsáveis pela construção de diferentes efeitos de sentido. São esses aspectos que (re) criam o universo do escritor alagoano (no caso de *Infância*). Suas memórias são apresentadas na forma de pequenos relatos (39 ao todo), sem que haja, obrigatoriamente, continuidade entre eles. A seleção desse tipo de composição/disposição produz como efeito a sensação de fragmentação: é como se o leitor estivesse diante de recortes de memória, de uma colcha de retalhos (nada coloridos, por sinal).

# 74 Professor, leitura e escrita

No entanto, o traço mais relevante dessa cenografia é a materialização do ambiente narrado, do universo onde o menino cresceu, do mundo das personagens. Para construí-los, Graciliano lança mão de diferentes recursos, alguns deles recorrentes em sua obra, o que explica o *efeito graciliano* que a leitura provoca. Observem-se as seguintes passagens:

> **Largou** pela segunda vez a interrogação pérfida.
> Meu pai não tinha vocação para o ensino, mas quis **meter**-me o alfabeto na cabeça
> **Atirava** rápido meia dúzia de letras, ia jogar solo.
> **Jogaram**-me simultaneamente maldades grandes e pequenas, impressas e manuscritas.

Os verbos em negrito, selecionados para relatar os atos do pai e de outros adultos, conferem a esses atos o caráter áspero e rude que caracteriza as personagens da narrativa. Tal caracterização é explicitada em diversas passagens, como as que seguem:

> iniciou-se a escravidão imposta **ardilosamente**.
> À tarde pegava um côvado, levava-me para a sala de visitas – e a lição era **tempestuosa**.

Além de nomear as lições que lhe foram impostas de *escravidão*, que supõe executores insensíveis, algozes, o narrador aprecia de maneira bastante expressiva e contundente a forma de agir dos adultos – esperta e enganadora. Ao afirmar que a lição era *tempestuosa* reitera o traço impaciente e violento do pai.

Outro recurso mobilizado para dar concretude ao mundo dos adultos, ao olhar do menino sobre esse mundo, é o uso de metáforas. As letras do alfabeto, "as maravilhas" na perspectiva do pai, são, para o menino, "maldades grandes e pequenas". São *as malvadas* que o menino precisa vencer, já que foi enganado pelos adultos. Observe-se a seguinte passagem, parte de outro capítulo de *Infância*:

> Achava-me obtuso. A cabeça pendia em largos cochilos, os dedos esmoreciam, deixavam cair o volume pesado. Contudo cheguei ao fim dele. Acordei bambo, certo de que nunca me desembaraçaria dos **cipoais escritos**.

Em outro episódio que relata o sofrimento do menino diante das letras, "os sinais pretos" que lhe foram apresentados pelo pai no relato anterior aparecem nomeados como *cipoais escritos*, uma metáfora extremamente adequada para a cenografia construída pelo texto, já que remete ao ambiente hostil (inclusive geográfico, o sertão alagoano) no qual se vê preso o menino. O olhar que observa esse ambiente árido permite construir as comparações que aparecem a seguir, empregadas para fazer referência a um livro do Barão de Macaúbas:

> Um grosso volume escuro, cartonagem severa. Nas folhas delgadas, incontáveis, as letras fervilhavam, miúdas, e as ilustrações avultavam **como rasto de lesma ou catarro seco** (grifo adicionado).

Sobre o volume do Barão de Macaúbas incidem os acentos apreciativos do menino alagoano, para quem a iniciação com as letras se deu de forma "tempestuosa" e violenta. Isso explica a ocorrência dos adjetivos *escuro, severa, incontáveis*, da metáfora *as letras **fervilhavam***; e da comparação em negrito. Para sua construção, essa última mobiliza elementos presentes no ambiente do menino, aqueles que seu olhar observa com atenção.

Há críticos[37] que apontam a recorrência de metáforas e comparações na obra de Graciliano. Em ambas, um dos termos da comparação frequentemente é um animal. Não poderia ser diferente, se se levar em conta o olhar atento da criança, a constatação de que o mundo adulto em muito se parece com o mundo de animais. Observe-se a passagem:

> É uma das recordações mais desagradáveis que me ficaram: sujeito magro, de olho duro, aspecto tenebroso. Não me lembro de o ter visto sorrir. A voz áspera, modos sacudidos, ranzinza, impertinente. Fernando era assim. E junto a isso **qualquer coisa de frio, de úmido, viscoso, que me dava a absurda impressão de uma lesma vertebrada e muito rápida** (grifo adicionado).

Sem dúvida, os adjetivos desempenham papel importante na construção do universo narrado. Mas em *Infância*, como em outros romances de Graciliano, eles nada têm de acessório ou ornamental. Ao contrário, são absolutamente necessários para caracterizar aquilo que é apresentado. Pode-se dizer até mesmo que são responsáveis pela precisão da caracterização. No fragmento selecionado, encontramos diferentes ocorrências que exemplificam o papel que desempenham. Vejamos:

> a interrogação *pérfida*
> condenaram-me à tarefa *odiosa*

Como se observa, os adjetivos são necessários para construir o mundo dos adultos a que o leitor tem acesso, um mundo de traições e injustiças.

Os recursos apontados até aqui materializam a violência do mundo narrado; é este que emerge da cenografia construída pelo texto. É importante observar que a brutalidade desse mundo atinge em cheio a personagem criança, chegando, inclusive, de acordo com o narrador adulto, a embrutecê-la. Observe-se a passagem abaixo:

> Se me habituassem às maiúsculas, deixando as minúsculas para mais tarde, **talvez não me embrutecesse**. Jogaram-me simultaneamente maldades grandes e pequenas, impressas e manuscritas. Um inferno (grifo adicionado).

É a voz do narrador adulto que explica e atribui o embrutecimento do menino às ações praticadas pelos adultos. Observe-se que o narrador não exibe complacência alguma em relação à personagem criança, em relação a ele mesmo. Os que o rodeiam são capazes de praticar ações violentas, são seres brutos; ele, por sua vez, vai se embrutecendo. A crueza da constatação choca o leitor, afinal trata-se de uma criança. Em outras passagens de *Infância* encontramos o mesmo julgamento implacável e rigoroso.

> Desejo perdido. Recebi um livro corpulento, origem de calafrios. Papel ordinário, letra safada. E, logo no introito, o sinal do malefício: as barbas consideráveis, a sisudez cabeluda. Deste objeto sinistro guardo a lembrança mortificadora de muitas páginas relativas à boa pontuação. Avizinhava-me dos sete anos, não conseguia ler e os meus rascunhos eram pavorosos. Apesar disso emaranhei-me em regras complicadas, resmunguei expressões técnicas e **encerrei-me num embrutecimento admirável** (grifo adicionado).

Os episódios são apresentados ao leitor por um narrador cuja voz é franca e objetiva. Observe-se que esse tom não muda mesmo quando a voz do narrador adulto se confunde com a voz da criança, ou quando a ela se refere. Em um livro de memórias de infância, esperar-se-ia um relato marcado por um tom meigo, desprovido de crueza. Mas não é isso o que acontece, nem poderia ser diferente se levarmos em conta a cenografia que emerge do texto, a de um mundo "seco" e áspero.

É importante ressaltar que a violência e rudeza que atingem o menino, que o embrutecem (e também o narrador adulto), não o tornam um revoltado, um sujeito agressivo ou mesmo violento. Esses traços inexistem na voz do narrador. Este enuncia em um tom incrédulo e resignado. Por meio dele, o leitor constrói o *ethos* do sujeito descrente e pessimista, *ethos* recorrente na obra de Graciliano.

Com essas breves considerações, esperamos ter mostrado a pertinência de levar em conta as instâncias de *pessoa, escritor* e *inscritor*, propostas por D. Maingueneau, para a leitura e análise de textos literários, principalmente aqueles do regime elocutivo, caso de *Infância* de Graciliano Ramos.

## O discurso de divulgação científica

Nos últimos anos, surgiu um número significativo de produções voltadas para a divulgação da ciência, que circulam em diferentes gêneros e suportes. Há as revistas cujo público-alvo são pesquisadores e cientistas, há programas televisivos que se dedicam a tornar mais "acessível" temas científicos. Também nos periódicos, como a *Folha de S. Paulo*, há cadernos (o caderno *Ciência*) dedicados à divulgação e discussão do discurso da ciência. Em sites, igualmente, dedica-se espaço para a apresentação de temas ligados ao campo científico, que são discutidos com o objetivo de ampliar o conhecimento dos internautas.

São esses diferentes gêneros e suportes que explicam as especificidades dos textos, o fato de o mesmo tema aparecer textualizado de maneiras distintas. Como leitores, nos surpreendemos, muitas vezes, com o tom jovial e brincalhão com que são tratados temas como DNA ou as células-tronco na Revista *Superinteressante*, por exemplo, surpresa que, provavelmente, não será sentida pelo leitor típico dessa publicação.

Para dar conta de especificidades e diferenças nos modos de divulgar a ciência, acreditamos ser interessante mobilizar o conceito de *páthos* do enunciatário. Como explica Fiorin,[38] retomando a *Retórica* de Aristóteles, em um ato de comunicação estão envolvidos três elementos: o orador, o auditório e o discurso, ou, em outros termos, o *ethos*, o *páthos* e o *logos*. Argumentos eficazes para determinados auditórios não o são para outros. Assim, para construir seu discurso, o orador precisa conhecer seu auditório. Esse conhecimento diz respeito ao[39]

> *páthos* ou o estado de espírito do auditório. O *páthos* é a disposição do sujeito para ser isto ou aquilo. Por conseguinte, bem-argumentar implica conhecer o que move ou comove o auditório a que o orador se destina.

# 78 Professor, leitura e escrita

Fiorin ressalta que não se trata da disposição *real* do auditório, mas a de uma imagem que o enunciador tem do enunciatário: "essa imagem estabelece coerções para o discurso, por exemplo, é diferente falar para um auditório de leigos ou de especialistas, para um adulto ou para uma criança".[40]

Como se observa, a instância do *páthos* está implicada na dimensão do estilo dos gêneros. Isso porque, como explica Bakhtin, quando discute a noção de gêneros do discurso, a seleção dos recursos expressivos está (ou deve estar) de acordo com o *para quem* se destinam os textos.

De toda forma, não deixa de ser interessante observar a presença do leitor no texto em termos de *páthos*, uma vez que esse conceito pode dar conta da relação entre a imagem do enunciatário e do enunciador (o *ethos*), se estão ou não em harmonia, se ambos têm o mesmo perfil.

Observemos essas questões nos seguintes textos:

**1.**

---

**Como a tartaruga ganhou seu casco**

**Agência Fapesp** – Encontrados em quase todo o mundo, tartarugas são animais comuns mas que há muito tempo têm intrigado cientistas por conta de uma anatomia sem igual.

Com corpos protegidos por uma carapaça dorsal arredondada em cima e por um plastrão ventral em baixo, ambos formados por placas ósseas e revestidos com escudos córneos, os simpáticos quelônios pouco precisaram mudar desde a era dos dinossauros.

A descrição dos mais antigos fósseis de tartaruga, publicada na edição desta quinta-feira (27/11) da revista *Nature*, traz uma nova explicação para a formação da curiosa armadura natural.

Um grupo de pesquisadores da China, Canadá e Estados Unidos encontrou os fósseis de idade estimada em 220 milhões de anos, do Triássico superior, na província chinesa de Ghizhou.

Trata-se de três espécimes adultos extraordinariamente bem-preservados e com características nunca vistas, como a presença de dentes e de um casco incompleto que oferece pistas importantes para entender o desenvolvimento da carapaça. A espécie foi denominada *Odontochelys semistestacea*, que significa "tartaruga dentada e com meio-casco".

"Desde o século 19, muitas hipóteses foram lançadas para tentar explicar a origem do casco da tartaruga. Agora, temos os fósseis do mais antigo desses animais, que apoiam a teoria de que o casco foi formado de baixo para cima, a partir de extensões da espinha dorsal e das cos-

A leitura    79

telas, e não como placas ósseas a partir da pele, como foi teorizado", disse o paleontólogo Xiao-chun Wu, do Museu Natural do Canadá, um dos autores do estudo.

Os fósseis foram encontrados por Chun Li, da Academia de Ciências da China e aluno de Wu, com a ajuda de agricultores que residem na região. Os exemplares permanecerão na academia chinesa.

Até então, o mais antigo fóssil do réptil era o *Proganochelys*, com 210 milhões de anos e descoberto na Alemanha. Mas, como os encontrados anteriormente, era um exemplar com casco completo e impediu os cientistas de analisar sua formação, o que foi possível agora.

"O casco é uma inovação evolucionária e é difícil explicar como ele evoluiu sem um exemplo intermediário. Agora, temos a primeira tartaruga com casco incompleto", disse Olivier Rieppel, do Museu Field de Chicago, outro autor do estudo.

O *Odontochelys* fortalece a teoria de que o plastrão surgiu primeiro, seguido pelo alargamento da espinha dorsal e das costelas que levou à formação da carapaça. O processo, de baixo para cima, é semelhante ao que ocorre em embriões das tartarugas atuais.

Segundo os cientistas, a mais antiga das tartarugas descobertas até hoje permite concluir que se tratava originalmente de um animal aquático. A presença do plastrão serviria para proteger o animal do ataque de predadores. "Répteis que vivem na terra têm ventres próximos ao solo, com pouca exposição ao perigo", disse Rieppel.

O artigo *An ancestral turtle from the Late Triassic of southwestern China*, de Chun Li e outros, pode ser lido por assinantes da *Nature* em www.nature.com.

Fonte: http://www.agencia.Fapesp.br/materia/9776/divulgacao-cientifica/como-a-tartaruga-ganhou-seu-casco.htm Acesso: 20 fev. 2008.

**2.**

### Por que o nosso sangue é vermelho?

Responsável por boa parte do impacto dos filmes de terror, a cor vermelha do sangue tem origem no formato de um tipo de célula que existe em grande quantidade no nosso sistema circulatório: os glóbulos vermelhos, também conhecidos por hemáceas.

Por serem esferas bicôncavas (com duas superfícies côncavas opostas) e não terem núcleo, conseguem armazenar em grande quantidade um pigmento vermelho chamado de hemoglobina, que se liga tanto a moléculas de oxigênio como a moléculas de gás carbônico, explica a professora de biologia Juliana Presti Torres.

Esse pigmento é produzido já na formação da hemácea. À medida em que essas células amadurecem, aumentam sua afinidade por átomos de ferro. Quando a hemoglobina se liga a um átomo de ferro, adquire a capacidade de, também, se ligar a átomos de oxigênio. E por que isso é importante? Ora, porque permite o transporte do gás e a posterior oxigenação de nossos tecidos gradualmente, conta Juliana.

A razão do sangue ser vermelho é, também, o motivo da importância fundamental do ferro em nossa alimentação – apesar de ser recomendável não ingeri-lo em grandes quantidades, lembra a professora.

Fonte: http://noticias.terra.com.br/educacao/vocesabia/interna/0,,OI3310632-EI8407,00.html Acesso 27 fev. 2008.

Os títulos dos textos apontam para o caráter didático do tema a ser tratado. No caso do segundo, "Por que o nosso sangue é vermelho?", a pergunta estabelece um elo com o leitor, que é convidado a participar do texto. Este, diante da pergunta, cria a expectativa de obter com a leitura uma resposta esclarecedora. Observe-se que a interlocução é explicitada pelo emprego da forma *nosso*, que inclui o locutor e seu leitor. Apresenta-se, assim, uma questão que desperta a curiosidade de ambos.

Esse efeito de proximidade não se produz na leitura do título do texto 1. Observe-se que, no primeiro parágrafo, o tema *casco da tartaruga*, a curiosidade que desperta, não aparece ligado aos interesses de um leitor comum, caso do texto 2, mas ao interesse de pesquisadores: "tartarugas são animais comuns mas que há muito tempo têm intrigado **cientistas**".

O início do texto 2 constrói um quadro bem diferente, aquele no qual insere seu leitor. Isso porque situa o tema a ser abordado no universo dos filmes de terror, procurando, mais uma vez, despertar atenção e curiosidade. Não se trata, portanto, de um tema restrito ao mundo dos cientistas, que vivem em laboratórios (longe de cinemas), mas parte do dia a dia do leitor.

As diferenças entre os leitores previstos/delineados podem ser apreendidas em outros "lugares" dos textos. O leitor veiculado pela *Revista Fapesp* é familiarizado com o meio científico, sabe da importância de informações a respeito de procedimentos e dados ligados às pesquisas, como nome de pesquisadores, instituição a que pertencem, seu posicionamento na comunidade científica. Note-se que essas informações são dadas pelo texto:

o paleontólogo Xiao-chun Wu, **do Museu Natural do Canadá** [...]
Os fósseis foram encontrados por Chun Li, **da Academia de Ciências da China** [...]

Agora, temos a primeira tartaruga com casco incompleto", disse Olivier Rieppel, **do Museu Field de Chicago**, outro autor do estudo.

São pesquisadores ligados a órgãos de pesquisa importantes, reconhecidos e legitimados. A pesquisa apresentada, de autoria dos pesquisadores citados, foi publicada pela revista *Nature*, publicação de renome.

O texto 2 não apresenta qualquer pesquisa ligada ao tema abordado. Limita-se a responder de forma "rápida" a questão do título. Para isso, veicula a voz de uma especialista, não uma cientista ou pesquisadora ligada a universidades renomadas, mas a voz de uma *professora*:

> explica **a professora de biologia** Juliana Presti Torres [...]

Note-se que a segunda fala da professora aparece a ela atribuída de maneira bastante informal, como se o locutor do texto a conhecesse, como se pertencessem ao mesmo lugar social (onde também se inclui o leitor):

> Ora, porque permite o transporte do gás e a posterior oxigenação de nossos tecidos gradualmente, conta **Juliana.**

A fala da professora aparece introduzida pelo verbo *dicendi conta*, que atribui ao ato de dizer um caráter de fabulação: a professora estaria reportando uma "história" muito interessante. No texto 1, ao contrário, a fala dos pesquisadores é veiculada pelo verbo *disse*, adequado ao modo de dizer "neutro" da publicação.

Além disso, há outras diferenças na linguagem dos textos, na maneira de apresentar e abordar os temas. Assim, no texto 1, predominam palavras e expressões do campo da ciência, inclusive as denominações das espécies (*Proganochelys, Odontochelys*). Inexistem parênteses explicativos ou estratégias visando situar o leitor no universo retratado (como "traduções" dos nomes apresentados), uma vez que se supõe a proximidade/ familiaridade do leitor com o mundo da ciência. No trecho a seguir, por exemplo, aparecem palavras e expressões cujo significado é dado como conhecido do leitor:

> Com corpos protegidos por uma carapaça dorsal arredondada em cima e por um plastrão ventral em baixo, ambos formados por placas ósseas e revestidos com escudos córneos [...]

82  Professor, leitura e escrita

No texto 2, ao contrário, procura-se eliminar o que poderia provocar problemas de legibilidade, seja por meio de inserções parentéticas, seja por meio de outras estratégias. Vejamos os seguintes trechos:

> Por serem esferas bicôncavas **(com duas superfícies côncavas opostas)** e não terem núcleo [...]
> adquire a capacidade de, também, se ligar a átomos de oxigênio. **E por que isso é importante?** [...]

A pergunta lançada antecipa uma possível dúvida do leitor, que estaria com dificuldade de acompanhar a exposição do assunto. A resposta vem em seguida, dada pela professora de biologia, em um tom camarada e compreensivo: "ora, porque permite o transporte do gás e a posterior oxigenação de nossos tecidos gradualmente, conta Juliana".

Na reportagem sobre o casco da tartaruga, observamos retomadas anafóricas que enriquecem o referente apresentado, além de indiciarem o ponto de vista do locutor do texto, recurso que não aparece no texto veiculado pelo site educativo. Observem-se os seguintes trechos:

> **os simpáticos quelônios** pouco precisaram mudar desde a era dos dinossauros.

> a formação **da curiosa armadura natural** [...]

> a presença de dentes e de um casco incompleto que oferece pistas importantes para entender o desenvolvimento **da carapaça.** [...]

O referente "tartarugas" é retomado pela expressão "simpáticos quelônios", que confere a ele outras informações (é também conhecido por *quelônio*). Ressalte-se que a nova informação aparece embutida na descrição nominal, e não de forma explícita como através da expressão "também conhecida por", presente no texto 2 ("os glóbulos vermelhos, **também conhecidos por** hemáceas"). Importante observar, também, a carga avaliativa dessa expressão anafórica, igualmente presente na que figura no segundo enunciado ("curiosa armadura"). Os adjetivos *simpáticos* e *curiosa* indiciam de forma elegante o ponto de vista do locutor do texto a respeito dos referentes apresentados.

Levando em conta essas observações, pode-se dizer que os dois textos constroem de seus leitores imagens distintas. Ressalte-se que se trata de

A leitura **83**

uma construção discursiva e não do leitor empírico, em carne e osso. Assim, o leitor da *Revista Fapesp* conhece o meio científico e suas práticas, uma vez que é próximo desse meio, podendo mesmo estar nele inserido. Seus interesses são, assim, bem parecidos com os de pesquisadores cujos trabalhos são divulgados pela publicação. Seu tom é sério e decidido, tingido por certa circunspecção.

O leitor do texto veiculado pelo site educativo tem aspirações bem distintas, não se interessaria, a princípio, por assuntos ligados à ciência. Para que um tema "árido" desperte seu interesse é preciso que se relacione a seu cotidiano e, também, que seja abordado de forma "leve" e simplificada. Seu modo de falar é alegre e jovial.

Temos, assim, diferentes perfis de *páthos*. São eles que explicam a abordagem dos temas, o trabalho feito com a linguagem, como procuramos mostrar acima. A esses distintos perfis associam-se diferentes *ethé*: o da *Revista Fapesp*, sóbrio e neutro; o do site, descontraído.

De acordo com Fiorin, a eficácia do discurso ocorre quando o leitor incorpora o *ethos* do enunciador, incorporação que se dá porque se identifica com o tom, o corpo e o caráter desse sujeito. Os textos apresentados são, portanto, eficazes porque neles o leitor se reconhece, uma vez que foram criados a partir de uma imagem sua muito bemfeita.

## Notas

[1] Ingedore V. Koch, *O texto e a construção dos sentidos*, 3. ed., São Paulo, Contexto, 2000.

[2] Ingedore V. Koch & Vanda M. Elias, *Ler e compreender os sentidos do texto*, São Paulo, Contexto, 2006, p. 21.

[3] Sírio Possenti. "A leitura errada existe" em: *Leitura: teoria & prática*, n. 15, 1990.

[4] Dois casos exemplares, Disponível em www.primapagina.com.br (Coluna Littera). Acesso em 30 mar. 2005.

[5] João Wanderley Geraldi, *Linguagem e ensino*: exercícios de militância e divulgação, Campinas, Mercado de Letras, 1998, p. 125.

[6] Disponível em www.primapagina.com.br (Coluna Littera).

[7] M. Bakhtin, *Estética da criação verbal*, 2. ed., São Paulo, Martins Fontes, 1977, p. 280.

[8] D. Maingueneau, *Análise de textos de comunicação*, São Paulo, Cortez, 2001.

[9] D. Maingueneau, *Cenas da enunciação*, Curitiba, Criar, 2006, p. 62.

[10] Oswald Ducrot, *O dizer e o dito*, Campinas, Pontes, 1987.

[11] Op. cit., p. 318.

[12] José Luiz Fiorin, *Introdução ao pensamento de Bakhtin*, São Paulo, Ática, 2006.

[13] Op. cit., p. 52.

[14] D. Maingueneau, *Análise de textos de comunicação*, op. cit., p. 173.

[15] *Manual da Redação da Folha*, 2001, p. 45.

## 84 Professor, leitura e escrita

[16] M. Foucault, *O que é um autor*, Lisboa, Garrido e Lino Ltda., 1992.

[17] Idem, p. 46.

[18] Sírio Possenti, "Enunciação, autoria e estilo", em Marlon Leal Rodrigues &Wedencley Alves (orgs.), *Discurso e sentido*: questões em torno da mídia, do ensino e da história, São Paulo, Claraluz, 2007, p. 14.

[19] O texto é o seguinte, retirado de *No reino da Alegria*:
*Carlito partiu no barco verde.*
*O barco era longo e forte.*
*Carlito parou perto da árvore.*
*Era tarde e Carlito dormia.*
*Acordou e comeu carne de carneiro.*
*Que calor! Vou nadar!*

[20] Sírio Possenti, "Indícios de autoria", *Perspectiva*. Revista do Centro de Ciências da Educação, UFSC, 2002, p. 173.

[21] Ver D. Maingueneau, *Análise de textos de comunicação*, op. cit.

[22] D. Maingueneau, *Cenas da enunciação*, op. cit., p. 113.

[23] D. Maingueneau, *O discurso literário*, São Paulo, Contexto, 2006, p. 134.

[24] Idem, p. 136.

[25] Idem, p. 139.

[26] Idem, p. 141.

[27] Alguns versos do poema: "Deus me deu um amor no tempo de madureza,/quando os frutos ou não são colhidos ou sabem a verme./ Deus – ou foi talvez o Diabo – deu-me este amor maduro,/e a um e outro agradeço, pois que tenho um amor".

[28] As *Memórias do cárcere* foram publicadas após a morte do escritor.

[29] Idem, p. 137.

[30] O escritor conta que, quando estava terminando de escrever *São Bernardo*, ficou gravemente doente e teve de ser hospitalizado: "do hospital ficaram-me impressões que tentei fixar em dois contos – "Paulo" e "O relógio do hospital" – e no último capítulo de *Angústia*. No delírio, julgava-me dois, ou um corpo com duas partes: uma boa, outra ruim. E queria que salvassem a primeira e mandassem a segunda para o necrotério", em Sonia Brayner (org.), Coleção Fortuna Crítica *Graciliano Ramos*, 2. ed., Rio de Janeiro, Civilização Brasileira, 1978, p. 52.

[31] Idem, p. 52.

[32] "O menino mais velho ouve a palavra inferno e deseja saber o significado. A mãe pinta-lhe com cores terríveis os tormentos infernais. A descrença, porém, persiste: 'A senhora viu?'." O mesmo ceticismo que leva Graciliano Ramos, em *Infância*, e a propósito do tema, a indagar a mãe: "A senhora esteve lá?", em H. Polva, "Retorno a Graciliano", Fortuna Crítica, idem, p. 133.

[33] Octávio de Faria, "Graciliano Ramos e o sentido do humano", em Fortuna Crítica, idem, p. 67.

[34] Graciliano Ramos, *Infância*, 32. ed., Rio de Janeiro, Record, 1998. Todos os trechos foram retirados da edição indicada.

[35] Segundo C. N. Coutinho (em Fortuna Crítica, idem), foi o próprio Graciliano Ramos quem mais acentuou as fraquezas de seu primeiro romance, *Caetés*.

[36] Para o crítico Coutinho, *São Bernardo* é um romance de ilusões perdidas.

[37] Refiro-me a Guimarães Hill, também em Fortuna Crítica, *Graciliano Ramos*.

[38] José Luiz Fiorin, *Em busca do sentido*, São Paulo, Contexto, 2008.

[39] Op. cit., p. 154.

[40] Idem, p. 156.

# A ESCRITA

## O processo de escrita

Em nossa sociedade, a ideia de que a escrita estaria reservada a "iluminados" parece ainda ter espaço. Essa concepção de escrita como dom foi alimentada durante muito tempo por alguns escritores. É importante discuti-la para eliminar a crença de que um momento mágico seria necessário para desencadear a escrita, momento este reservado a poucos. Isso porque tal concepção acaba por afastar a maioria, aqueles que acreditam não ter sido agraciados com tal "magia". Transcrevemos abaixo parte de uma entrevista de Graciliano Ramos, concedida em 1948, na qual o escritor tece considerações sobre o processo de escrever:

> Deve-se escrever da mesma maneira como as lavadeiras lá de Alagoas fazem seu ofício. Elas começam com uma primeira lavada, molham a roupa suja na beira da lagoa ou do riacho, torcem o pano, molham-no novamente, voltam a torcer. Colocam o anil, ensaboam e torcem uma, duas vezes. Depois enxáguam, dão mais uma molhada, agora jogando a água com a mão. Batem o pano na laje ou na pedra limpa, e dão mais uma torcida e mais outra, torcem até não pingar do pano uma só gota.

> Somente depois de feito tudo isso é que elas dependuram a roupa lavada na corda ou no varal, para secar.
>
> Pois quem se mete a escrever devia fazer a mesma coisa. A palavra não foi feita para enfeitar, brilhar como ouro falso; a palavra foi feita para dizer.

Fonte: http://www.paralerepensar.com.br/graciliano.htm. Acesso em 28 jun. 2008.

Comparando o ato de escrever ao ofício das lavadeiras, Graciliano põe por terra a ideia de que a escrita seria "automática", de que o texto resultaria de um momento mágico, que não demandaria elaborações e preparo. Ao contrário, o escritor concebe a escrita como um **trabalho** constituído de uma série de etapas, as metáforas *esfregar, torcer, enxaguar,* atividades necessárias para quem "se mete a escrever", para fazer a palavra "dizer". Trata-se de um ponto de vista que vai de encontro àquele que predominou no campo da literatura em determinado momento – o que reduz a criação literária ao culto da forma, a fazer a palavra "brilhar como ouro falso".

O depoimento do escritor é significativo porque mostra que a prática da escrita, e talvez a chave para o sucesso nessa prática, não depende de fatores mágicos, como inspiração e dom, mas de muito trabalho, muitas idas ao texto para modificações e ajustes. O problema é que não é dessa forma que a maioria se inicia e vivencia o ato de escrever: escreve-se muito pouco e é incomum, por exemplo, a prática de distanciar-se do texto para avaliar o que precisa ser "calibrado".

A escola, instituição responsável pelo ensino da escrita, pouco contribui para o desenvolvimento da competência textual dos alunos. Por competência textual entendemos a capacidade de produzir textos em diferentes gêneros, adequados a múltiplas situações. Ao priorizar atividades artificiais, como exercícios e "redações", a escola reforça uma compreensão inadequada da produção escrita, a de que seria resultante de atividades artificiais como essas. Muitas vezes, por não conseguir um bom desempenho quando se trata de escrever textos de verdade, isto é, que são produzidos e circulam fora da escola, o aluno passa a acreditar que não consegue escrever porque não tem o "dom da escrita".

Ainda circula em nossa sociedade uma concepção de escrita que reduz tal prática ao domínio de habilidades que não dão conta da complexidade do ato de escrever. O texto publicitário da Coca-Cola, que discutimos anteriormente, é um bom exemplo de uma concepção redutora da escrita. Vamos observá-lo mais uma vez:

> Eu nunca gostei de ir na escola. Pra mim estudar era muito difícil. Fica lá sentado olhando o professor falar sem parar e sem entender nada do que o professor tá falando. Eu tava certo que eu queria largar a escola pra sempre. Foi aí que a diretora me chamou pra conversar. E não era pra me dar bronca. Ela me chamou pra ser monitor do Programa Coca-Cola de Valorização do Jovem. Eu ia participar ajudando as crianças da 1ª a 4ª série a estudar. Foi aí que eu comecei a ver as coisas de outro jeito. Passei a ter orgulho daquilo que eu não gostava. E fiquei mais orgulhoso ainda quando descobri que eu podia ser útil de verdade, que eu tinha algo a ensinar. Então pensei: se eu sou capaz de ensinar, também sou capaz de aprender. Parei de faltar às aulas, afinal eu também tinha que dar o exemplo. Passei a estudar pra valer e a tirar notas boas. Mudei de verdade. Hoje, eu adoro ir à escola. E para você ter uma idéia de como eu mudei, agora os professores me acham um ótimo aluno. O engraçado é que as crianças que eu monitoro também viraram ótimas alunas. Isso não pode ser influência de professor, né?

Embora não explicite, o anúncio apresenta uma concepção de "escrever bem" extremamente redutora, que associa o domínio da escrita ao conhecimento de determinadas regras gramaticais, ao domínio de traços como letra legível e "caprichada". Da forma como retratada, a escrita ideal seria a que aparece na segunda parte do texto, uma escrita sem rasuras, um texto "limpo". No entanto, a escrita, tal como ocorre nas práticas sociais, assemelha-se muito mais à primeira parte do texto:

trata-se de um *processo*, um trabalho com/sobre a linguagem, no qual há retomadas, reformulações, escolhas a fazer a todo momento. Isso sem falar nos momentos que sucedem a "última versão" dos textos, aqueles em que outros leitores (editores, no caso de textos jornalísticos) propõem/ fazem outras tantas sugestões e modificações.

Observemos o que aparece apagado/rasurado na redação do aluno:

| 1ª versão | 2ª versão |
|---|---|
| difis | difícil |
| centado | sentado |
| intender | entender |
| xamou | chamou |
| ajudamdo | ajudando |
| falar e falar | falar |

Na primeira versão, ocorrem dúvidas quanto à grafia de certas palavras, uma situação comum para aqueles que escrevem, incluindo grandes escritores. As rasuras apontam para o momento em que o aluno reflete sobre a forma escolhida. Nesse sentido, são indícios importantes de suas hipóteses sobre a grafia das palavras, sobre a própria escrita.

Das ocorrências elencadas acima, *intender* pode ser associada à pronúncia do aluno (e de boa parte dos falantes). As formas *difis, centado, xamou* e *ajudamdo* devem-se à constatação do aluno de que certos sons, os fonemas /s/, /x/, /ã/, podem ser representados graficamente por letras ou conjunto de letras diferentes.[1]

O conhecimento (adquirido na escola) de que o texto escrito deve evitar repetições é o que parece orientar a rasura da segunda ocorrência de *falar* no trecho "falar e falar sem parar". A retirada da palavra compromete a expressividade do trecho: a repetição *mostrada* na superfície do texto permite produzir o efeito de lentidão/mesmice. Observe-se como a repetição, presente no poema de Drummond, enfatiza a lentidão e a mesmice da cidadezinha:

Casas entre bananeiras
mulheres entre laranjeiras
pomar amor cantar.
Um homem vai devagar.

Um cachorro vai devagar.
Um burro vai devagar.
Devagar... as janelas olham.
Eta vida besta, meu Deus.

Fonte: ANDRADE, Carlos Drummond de. *Poesia e prosa*. Rio de Janeiro, Nova Aguilar, 1988.

Sendo assim, a primeira parte do texto, com as rasuras e correções, aproxima-se muito mais do processo de escrita: trata-se de um trabalho com/sobre a linguagem. Nesse trabalho, o processo de reescrita é de fundamental importância. Sem voltar ao texto, como fazer ajustes, enriquecê-lo?

Se levarmos em conta nossas experiências, a ideia de escrita como trabalho mostra-se muito mais adequada. O "enfrentamento" da folha em branco, da tela do computador, é apenas parte de um processo que se inicia bem antes, com pesquisas e leituras, e passa por outros momentos que vão desde a revisão até a reescrita e edição do texto. Nesse percurso, é comum a participação de outros leitores, além do próprio autor, que dão ideias, sugerem modificações, que podem ser acolhidas ou não. Trata-se, assim, de um conjunto de práticas, um processo bastante complexo, que em nada lembra um momento único, do qual resultaria o texto pronto e acabado.

Talvez a descoberta de que se trata de um trabalho árduo (e não um "momento mágico") acabe por afastar muitos dos que se propõem a escrever. No entanto, não se pode negar que a escrita, com as novas tecnologias digitais, vem sendo praticada por um maior número de pessoas. Há autores que chegam a afirmar que essas tecnologias possibilitaram a "radicalização do uso da escrita"[2]. Mas é bom lembrar que o contexto da mídia eletrônica só permite a produção de textos em determinados gêneros, como o e-mail, o chat, o blog, com sua circulação restrita a esse meio. Cabe questionar se os usuários da rede como um todo têm condições de produzir textos em gêneros mais formais, que demandam outro tipo de elaboração.

Não se trata de atribuir valores positivos apenas a textos veiculados em determinados suportes, como o livro, mas de matizar afirmações categóricas sobre a democratização do uso da escrita. O que se observa ainda é uma restrição desse uso e/ou muita dificuldade, pouca familiaridade com

90 Professor, leitura e escrita

o texto escrito. E aqui se inclui não apenas a parcela dos estudantes, os que estão em processo de aprendizagem, mas profissionais de diferentes áreas, como professores e jornalistas.

Assumindo que a escrita é um processo que demanda trabalho, nosso objetivo é discutir, procurar analisar esse trabalho. Consideramos importante conhecer o que envolve o processo de escrita, que atividades supõe, o que exige de "quem se mete a escrever", retomando as palavras de Graciliano Ramos. Nesse sentido, procuraremos investigar, entender as metáforas empregadas pelo grande escritor. O que seria "molhar", "torcer", "molhar novamente", "voltar a torcer"? Observe-se que tais metáforas apontam para uma das atividades que fazem parte do ato de escrever, qual seja, a supressão de palavras/trechos, parte dos ajustes necessários na etapa da (re)escrita do texto. Da mesma forma, revelam traços do estilo de Graciliano, caracterizado pela concisão, um estilo "enxuto", na avaliação de críticos.[3]

Na discussão sobre a produção escrita, aparecem contribuições de diferentes campos, como o da Psicolinguística. Nessa abordagem, o objetivo é dar conta dos processos mentais envolvidos nas atividades que compõem o ato de escrever e/ou descrever o comportamento dos sujeitos quando envolvidos na tarefa de produzir textos escritos. Concebe-se essa tarefa como uma atividade de resolução de problemas e sua análise é feita por meio de protocolos verbais, isto é, pela análise do que o sujeito verbaliza sobre seu comportamento, sobre o que pensa/faz quando está escrevendo. Existe o consenso de que o processo da escrita é uma atividade que pode ser decomposta em três momentos: *planificação*, *textualização* e *revisão*.

Embora interessante, a abordagem cognitivista não focaliza o que nos interessa, isto é, o trabalho que se faz *com* e *sobre* a linguagem no processo de escrita. Em que consistiria tal trabalho? Como os recursos expressivos podem ser agenciados para construir diferentes modos de dizer? O que é necessário para ser "autor"? Se levarmos em conta a representação de *escrever bem* que circula em nossa sociedade a resposta a tais perguntas seria a de que basta dominar regras gramaticais para escrever um bom texto.

Também é comum associar o bom desempenho na escrita ao "hábito da leitura". Nessa concepção, ler seria o caminho suficiente para se escrever bem, para ser um bom escritor. No entanto, ser um bom leitor não significa ser igualmente um bom produtor de textos. Embora interligadas, leitura e escrita são práticas diferentes, que demandam o desenvolvimento de diferentes habilidades. Isso não significa dizer que a leitura não é importante – um texto é tecido com outras vozes, presentes em outros textos, que precisam ser lidas/conhecidas –, mas sim que a produção escrita exige outras atividades além da leitura.

Assim, a correção gramatical e o hábito da leitura não são condições suficientes para escrever textos bem-escritos (ou produzir textos). A produção de um texto, por não se dar no vazio, mas ser uma atividade interativa, de encontro de sujeitos, demanda uma série de decisões que precisam ser tomadas por aquele que pretende escrever, tais como o gênero a ser escolhido, o argumento que surtiria o efeito pretendido, o que o texto pode explicitar ou sugerir etc. A maioria dos manuais de redação ignora essas questões, limitando-se a oferecer dicas gramaticais ou discorrer de forma bastante vaga sobre a chamada "criatividade".

Não podemos esquecer também de que ler um texto e considerá-lo bem-escrito é uma avaliação que decorre de uma série de fatores. Isso porque a noção de *escrever bem* não é imutável ou mesmo "tranquila", varia de acordo com épocas e gostos, sejam individuais ou de grupos sociais. De acordo com o domínio considerado, a correção linguística ou sua organização geral, pode-se avaliar de forma positiva ou negativa o mesmo texto. Daí a importância de levar em conta o conceito de *gêneros de discurso* para observar questões como mudanças em relação a temas abordados, à composição e ao estilo dos textos, explicáveis pelas alterações que ocorrem nas esferas sociais onde são produzidos e circulam os gêneros. O texto a seguir, um poema de Olavo Bilac, foi escrito para o público infantil no início do século passado:

**A Pátria**
Ama, com fé e orgulho, a terra em que nasceste!
Criança! não verás nenhum país como este!
Olha que céu! que mar! que rios! que floresta!
A Natureza, aqui, perpetuamente em festa,
É um seio de mãe a transbordar carinhos.
Vê que vida há no chão! vê que vida há nos ninhos,
Que se balançam no ar, entre os ramos inquietos!

Vê que luz, que calor, que multidão de insetos!
Vê que grande extensão de matas, onde impera
Fecunda e luminosa, a eterna primavera!
Boa terra! jamais negou a quem trabalha
O pão que mata a fome, o teto que agasalha...
Quem com seu suor a fecunda e umedece,
vê pago o seu esforço, e é feliz, e enriquece!
Criança! não verás país nenhum como este:
Imita na grandeza a terra em que nasceste!

Fonte: Bilac, Olavo. *Poesias infantis.* Rio de Janeiro, Francisco Alves, 1929.

Nos dias atuais, é difícil imaginar um poema semelhante ao de Bilac ser considerado bem-escrito ou mesmo adequado ao público infanto juvenil (e a outros públicos). E não é difícil apontar as razões. Dirigindo-se à criança em um tom solene e laudatório, a voz que enuncia aconselha o pequeno leitor, dá a ele lições sobre como portar-se, que sentimentos nutrir em relação à terra natal. A missão educativa, a que se atribui a literatura infantil produzida na época, requer uma linguagem impecável, marcada por construções bem diferentes das empregadas nos dias de hoje, mesmo em gêneros mais formais (escritos e orais).

Observe-se a forma selecionada para tratar o pequeno leitor, o pronome "tu", que confere à interação, no caso a conversa simulada pelo poema, a assimetria necessária para que o enunciador cumpra seu papel de conselheiro, o papel daquele que sabe mais. Da mesma forma, a ocorrência de formas no imperativo (*ama, olha, vê, imita*) contribui para construir tanto o papel do enunciador como o de leitor (aquele que precisa de lições, que precisa seguir ordens).

A concepção de literatura infantil do início de século XX, a própria concepção de criança dominante na época, explica os gêneros produzidos para esse público, os temas selecionados, a forma de composição dos textos, seus traços característicos. Trata-se, assim, de gêneros que refletem as condições específicas e as finalidades da esfera de atividade literária à qual se relacionam. Daí o estranhamento com que recebemos tais textos hoje, a avaliação negativa que atribuímos a eles. À medida que se afasta a ideia de que a literatura infantil deve cumprir uma missão educativa, abandona-se o tom cerimonioso dos textos, modifica-se o estilo dos gêneros. Modificam-se, também, os critérios com que avaliamos os textos dirigidos ao leitor-criança, os traços considerados necessários para que um texto seja adequado a esse público.

Observe-se o seguinte poema:

**Pardalzinho**
O pardalzinho nasceu
Livre. Quebraram-lhe a asa.
Sacha lhe deu uma casa,
Água, comida e carinhos.
Foram cuidados em vão:
A casa era uma prisão,
O pardalzinho morreu.
O corpo Sacha enterrou
No jardim; a alma, essa voou
Para o céu dos passarinhos!

Fonte: BANDEIRA, Manuel. *Berimbau e outros poemas*. Rio de Janeiro, José Olympio, 1986.

O poema "Pardalzinho", embora não escrito especificamente para o público infantil, foi selecionado, juntamente com outros de Manuel Bandeira, para compor uma antologia destinada ao leitor-criança.[4] Que critérios explicariam tal seleção? Certamente, bem diferentes daqueles que já permitiram considerar os poemas infantis de Bilac adequados e bem-escritos.

Composto de apenas uma estrofe de dez versos, o poema conta a história do encontro de Sacha com o pardalzinho. Embora a idade de Sacha não seja explicitada, pode-se inferir que se trata, provavelmente, de uma criança. O poema aborda, assim, um tema bastante próximo ao universo infantil – o contato das crianças com pequenos animais, a amizade entre eles. Bandeira faz desse encontro, que poderia desencadear uma lição ou recomendação, um "momento poético", que atinge o leitor de qualquer idade.

Como se explica a produção do efeito estético, do lirismo que perpassa todo o texto? Responder essa questão exige analisar mais detidamente a linguagem do poema, sua simplicidade. Na verdade, a construção de poemas "tão simples"[5] demanda um trabalho com a linguagem, o agenciamento e domínio de uma gama de recursos, dentre os quais podemos destacar:

1. a combinação e associação de palavras, que provocam um efeito expressivo, o efeito de "estranhamento". Observem-se o terceiro e quarto versos:

Sacha lhe deu uma casa,
Água, comida e carinhos.

Pode-se notar a ruptura da sequência "casa, água, comida". Isso porque a palavra *carinhos* não pertence ao mesmo universo das anteriores, ao mundo de objetos "concretos". A quebra do paralelismo semântico constitui um recurso bastante produtivo em diferentes gêneros literários, tanto em poemas como em contos e romances.[6] Observem-se os versos que abrem o poema "Não sei dançar", também de Manuel Bandeira:

Uns tomam éter, outros cocaína.
Eu já tomei tristeza, hoje tomo alegria.

Os complementos do verbo *tomar* presentes no segundo verso (*tristeza, alegria*) não são correlatos aos que aparecem no verso anterior (*éter, cocaína*), sendo, assim, inesperados. A quebra do paralelismo semântico provoca o efeito de singularidade: de imediato o leitor é atraído para o poema, para o mundo do eu poético.

2. o emprego dos sinais de pontuação com função coesiva, o que contribui para tornar o texto conciso, a linguagem depurada. Observem-se os versos:

Sacha lhe deu uma casa,
Água, comida e carinhos.
Foram cuidados em vão:
A casa era uma prisão,
O pardalzinho morreu.

Para contar a história do pardalzinho não foi necessário explicitar os nexos temporais, assim como os indicadores de outras relações de sentido. Os sinais de pontuação cumprem, como nos versos acima, o papel de sinalizar relações que geralmente são expressas por conectores. Assim, a sequência temporal dos acontecimentos, que vai do nascimento do pardalzinho até sua morte, não é indicada por palavras ou expressões denotadoras de tempo (*quando, depois que, até que*), mas sim pelas pausas marcadas pelo ponto final.

Já os dois pontos sinalizam a causa do que é dito no quinto verso, que será enunciada nos versos seguintes – foram cuidados em vão *porque* a casa era uma prisão, *porque* o pardalzinho morreu. A relação de oposição é expressa, nos versos anteriores, pelo ponto final (Sacha lhe deu uma casa,/ Água, comida e carinhos. =mas/ Foram cuidados em vão).

Além da função coesiva, os sinais de pontuação desempenham função expressiva, como se pode observar nos últimos versos:

No jardim; a alma, essa voou
Para o céu dos passarinhos!

O ponto de exclamação, que encerra o poema, contribui para conferir leveza, delicadeza ao final da história do pardalzinho. Trata-se de um momento que difere dos anteriores, que expressam as desventuras do passarinho, momento em que o repouso merecido é alcançado, o que provoca o sentimento de surpresa e alegria que incide sobre a voz que enuncia. Levando em conta que os sinais de pontuação indicam uma forma preferencial de leitura,[7] pode-se dizer que o ponto de exclamação, além de indicar o sentimento redentor, convida o leitor a experimentá-lo também.

É importante observar que a ausência de conectores não torna o texto obscuro, inacessível ao leitor, mesmo que este seja uma criança. São vazios que podem ser preenchidos sem grandes dificuldades, uma vez que demandam um conhecimento de mundo de que dispõe o leitor, um saber advindo, muitas vezes, de sua própria experiência. Nesse sentido, é como se o poema lançasse o leitor no interior de cenas que lhe são familiares.

3. o emprego de formas no diminutivo (*pardalzinho, passarinho*) com forte carga expressiva. Vale ressaltar a habilidade do poeta no emprego dessas formas, as funções que desempenham na composição do texto. Tal habilidade, sem que sua linguagem pareça artificial ou "forçada", caso de muitas produções dirigidas ao público infantil[8] explica o tom meigo e carinhoso que emerge do poema.

96 Professor, leitura e escrita

Quando abordamos questões ligadas à leitura, discutimos o conceito de *ethos* como proposto por D. Maingueneau. Esse autor apresenta uma concepção discursiva de *ethos*, isto é, afirma que ele se constrói por meio do discurso, não é uma imagem que seria exterior à fala. Para o analista, todo discurso (oral, escrito) apresenta uma vocalidade específica, que permite ao leitor remetê-la a uma fonte enunciativa, a uma voz que exerce o papel de fiador da fala. Esse fiador, que é construído pelo leitor a partir de diferentes índices textuais, habita um mundo ético, aquele ao qual o leitor é convidado a fazer parte, a incorporar.

Pode-se dizer que as formas no diminutivo constituem um dos "lugares" em que o *ethos* da voz que fala no poema se materializa. Baseando-se em índices como esse, o leitor pode construir uma imagem da voz do eu poético, pode atribuir-lhe um *ethos*. Trata-se de um *ethos* doce, meigo e afetuoso, perfeitamente compatível para contar a história singela do pardalzinho. A delicadeza dessa voz, a perfeita construção do *ethos*, é em grande parte responsável por transformar a pequena narrativa em um momento lírico que, como dissemos, atinge o leitor de qualquer idade, pois provoca o efeito de adesão. Em outros termos, o conceito de *ethos* é bastante produtivo para explicar o "fazer simples" (retomando palavras do crítico Alcides Villaça) de M. Bandeira.

É impossível não lembrar a alta incidência de diminutivos nos poemas de M. Bandeira,[9] o que nos leva a supor ser esse um traço do estilo do poeta. Entendemos estilo como o faz Possenti, isto é, como "um certo modo de organizar uma sequência (de qualquer extensão), focando-se como fundamental a relação entre esta organização e um determinado efeito de sentido".[10] Em termos do estilo "bandeiriano", teríamos a seleção e o trabalho com formas no diminutivo como um dos "ingredientes" dessa organização. Desse estilo decorre um *ethos* lírico e meigo, um *ethos* de simplicidade.

Retomando: considerar bem-escrito o poema de Bandeira é observar não apenas sua organização, o tratamento dado ao tema, os recursos expressivos mobilizados, mas também relacionar essas instâncias a expectativas presentes no campo discursivo literário quando de sua produção (e igualmente no momento de sua recepção). Como se sabe, a preocupação com a perfeição da forma, com a discussão de temas "grandiosos" (exaltação da pátria), não faz parte do fazer literário dos modernistas. Levando em conta que todo discurso se constrói sobre outros, com os quais mantém relações de proximidade ou rejeição (*primado do interdiscurso*, conceito que já discutimos), pode-se dizer que o estilo "simples" dos modernistas se constitui negando o estilo ornamentado dos parnasianos.

Dessa forma, considerar um texto bem-escrito é uma questão que envolve fatores de diferentes ordens. Como dissemos, para refletir sobre esses fatores, entender as razões que levam à emergência e modificação dos gêneros, é preciso analisar as condições específicas e as finalidades das diferentes esferas de atividades, os lugares sociais, as representações que circulam nesses lugares.

Nos dias atuais, talvez haja aqueles que avaliem positivamente o poema de Bilac e rejeitem o de Bandeira. Trata-se de uma questão de gosto, que pode ser explicada se levarmos em conta uma certa representação de *escrever bem* que circula em nossa sociedade, qual seja, a que identifica *escrever bem* a *escrever difícil.*

Em nossa discussão, falaremos de textos bem-escritos privilegiando a dimensão de sua organização geral, os recursos linguísticos mobilizados para a construção de diferentes efeitos de sentido, a seleção e o trabalho com esses recursos vistos sob uma perspectiva discursiva (ou de gêneros). No entanto, é importante ressaltar que, quando necessário, a questão da correção linguística não será desconsiderada, mas vista sob um enfoque diferente daquele que costuma receber. Sabemos que falar em correção significa, no contexto escolar e fora dele, observar se o texto contém erros de ortografia, concordância, regência etc. Nesse sentido, pensamos que falar em *adequação* é mais apropriado quando se quer discutir a escrita levando em conta as condições nas quais os textos são produzidos, seus propósitos comunicativos, seus leitores privilegiados.

Interessa-nos, assim, investigar que traços um texto deve apresentar para que o consideremos bem-escrito, como a linguagem pode ser trabalhada para construir diferentes modos de dizer. Como já dissemos, não basta seguir "receitas" ou acatar as famosas "dicas": trata-se de uma prática que se aperfeiçoa com a própria prática, com a escrita diária. Nesse percurso, é importante refletir sobre os recursos expressivos que a língua oferece para a construção de sentidos e como eles podem ser trabalhados para produzir determinados efeitos, dentre eles o de adesão, de crítica, o efeito estético etc. Acreditamos que a observação desses recursos, a

98 Professor, leitura e escrita

reflexão sobre a materialização de diferentes modos de dizer, contribui para promover o desenvolvimento de nossa competência textual.

A primeira parte da reflexão sobre a escrita, por nós chamada de *estratégias de dizer*, voltar-se-á, assim, para a discussão do trabalho com a linguagem a partir da observação e análise de diferentes atividades que constituem esse trabalho.

## As estratégias de dizer

No início da década de 90, Geraldi,[11] discutindo o ensino de língua portuguesa na escola básica, propõe que este tenha por objeto a produção de textos: "considero a produção de textos (orais e escritos) como ponto de partida (e ponto de chegada) de todo processo de ensino/ aprendizagem da língua". O autor lembra que os textos produzidos para a escola (as "redações") têm "muita escrita e pouco texto" em razão de construírem-se nesse espaço respostas diferentes daquelas que se constroem fora da escola ("quando o discurso é para valer") aos seguintes aspectos envolvidos/necessários no ato da escrita:[12]

a) se tenha o que dizer;
b) se tenha uma razão para dizer o que se tem a dizer;
c) se tenha para quem dizer o que se tem a dizer;
d) o locutor se constitua como tal, enquanto sujeito que diz o que diz para quem diz (ou, na imagem wittgensteiniana, seja um jogador no jogo);
e) escolhem-se as estratégias para realizar (a), (b), (c) e (d).

É importante ressaltar que, quando da publicação do livro de Geraldi, ainda não se discutia, no espaço acadêmico e no contexto escolar, a noção de *gêneros do discurso*. No entanto, como se pode observar, as dimensões *conteúdo temático*, e*strutura composicional* e *estilo*, constitutivas dos gêneros discursivos em uma concepção bakhtiniana, estão presentes nos aspectos elencados pelo autor. Em outros termos: as condições apontadas nos itens acima estão vinculadas às instâncias sociais nas quais os textos são produzidos e por onde circulam, ao uso que os sujeitos fazem da linguagem, a diferentes propósitos comunicativos.

Observe-se que as estratégias mobilizadas para construir o *querer dizer* do locutor (item *e*) devem ser escolhidas levando em conta os itens anteriores, o que implica a assunção de que um texto não se produz fora de uma situação interlocutiva, fora das instâncias sociais de uso da linguagem: "ninguém se assume como locutor a não ser numa relação interlocutiva".[13]

No que diz respeito ao item *a*, que remete ao conteúdo temático dos gêneros, Geraldi ressalta que é sobre este item (e também sobre o item *e*) que incide a leitura, "pela compreensão responsiva que possibilita, na contrapalavra do leitor".[14] Ao empregar a expressão *compreensão responsiva*, o autor marca distância em relação à ideia de que a leitura teria por função apenas desencadear o ato da escrita e/ou de que o texto lido[15] deveria tão somente servir de modelo a inspirar o escrevente. Ao contrário, trata-se de buscar textos com perguntas desencadeadas a partir da necessidade de obter informações para construir o texto a ser produzido, buscar pontos de vista e experiências diferentes a fim de enriquecer aquilo que se vai escrever, com o objetivo de dialogar com outras vozes.

Da mesma forma, os diferentes modos de dizer precisam ser conhecidos para que o produtor do texto amplie seu conhecimento sobre diferentes possibilidades de construir textos, sobre as estratégias de dizer disponíveis. Nas palavras de Geraldi:[16]

> Daí porque a leitura permite a exploração das configurações textuais, e não só as perguntas que incidem sobre o que o texto diz podem levar-nos a buscar outros textos. **Também refletir sobre o modo como os outros organizam o que tinham a dizer pode ser a razão de leituras** (grifo adicionado).

Sobre as estratégias de dizer, assunto que nos interessa aqui discutir, Geraldi as caracteriza como *ações que se fazem com a linguagem*, possíveis em razão de a língua ser uma sistematização aberta de recursos expressivos (e não um produto acabado do qual os falantes se apropriariam), de ser marcada pelo movimento, pelo trabalho dos sujeitos com/sobre esses recursos. Essas ações se dão na interação verbal, na relação entre um locutor e um interlocutor, e são "guiadas" pelos objetivos pretendidos, "o que pode levar um locutor a representar de modo distinto uma mesma realidade em função dos interlocutores a que dirige suas falas ou em função da ação que sobre eles pretende realizar".[17]

Assim, na visão de Geraldi, a construção de um texto se dá por meio de diferentes operações discursivas, isto é, atividades de formulação textual. Essa formulação resulta de inúmeras atividades, também chamadas por ele de *operações discursivas*. O autor apresenta uma série dessas operações, uma explicitação que "reflete apenas um estágio de explorações intuitivas sobre operações discursivas que podem servir de ponto de partida para estudos posteriores sobre o assunto".[18] Antes de discuti-las, é importante ressaltar que se trata de uma reflexão voltada para o *estilo* dos gêneros, dimensão que se funde com o conteúdo temático e a construção composicional formando um *todo* marcado pelas especificidades das diferentes esferas de comunicação.

Na discussão de Geraldi, o objetivo é apontar alguns "lugares" do texto que desvelam o trabalho do sujeito com os recursos expressivos da língua, trabalho necessário para que possa oferecer ao leitor sua "proposta de compreensão". Na construção dessa proposta, o locutor realiza uma série de operações discursivas ou atividades de formulação textual, como as denomina Geraldi. O autor ressalta que[19]

> quanto maior for a preocupação em "fechar" a proposta de compreensão assim produzida, maiores serão as operações que fará o enunciador. Há, no entanto, textos cuja característica maior é precisamente sugerir compreensões: a abertura de tais textos é, às vezes, o próprio objetivo de sua formulação.

Em outros termos: concebe-se a produção de textos como orientada tanto pelos efeitos de sentido pretendidos como por um jogo de imagens[20] que envolve a situação interlocutiva. A importância da imagem do interlocutor na escolha das estratégias de dizer é assim ressaltada por Bakhtin:[21]

> A quem se dirige o enunciado? Como o locutor (ou escritor) percebe e imagina seu destinatário? Qual a força da influência deste sobre o enunciado? É disso que depende a composição e, sobretudo, o estilo o enunciado. Cada um dos gêneros do discurso, em cada uma das áreas de comunicação verbal, tem sua concepção padrão do destinatário que o determina como gênero.

Pode-se observar que muitas das operações discutidas por Geraldi estão presentes hoje nos estudos sobre coesão textual, em especial nos que analisam as formas nominais anafóricas na progressão referencial, isto é "os grupos nominais com função de remissão a elementos presentes no co-texto ou detectáveis a partir de outros elementos nele presentes".[22] Ressalte-se que os estudos sobre coesão voltam-se, principalmente, para a compreensão: os elos coesivos são tomados como pistas que orientam o leitor no processamento do texto, exercendo, assim, a função de referir, de situar o objeto. A discussão sobre outras funções, como as que envolvem a dimensão construtiva e intersubjetiva, que contemplaria aspectos da produção de textos, acaba sendo relegada, lacuna apontada pela própria Koch.[23]

Das operações discursivas que Geraldi apresenta, destacamos aquelas que envolvem a coesão, procurando observar a relação entre retomadas anafóricas e produção de textos. Para destacar o que chama de *operações de determinação,* o autor apresenta o seguinte exemplo:

**Sócrates e Chico Buarque encontram-se no aeroporto. O cantor e o jogador discutiram os rumos da democracia corintiana.**

Os nomes *Sócrates* e *Chico Buarque,* chamados pelo autor de *objetos do discurso,*[24] são renomeados e qualificados (*cantor* e *jogador*) em uma operação que não apenas retoma esses nomes, mas dá ao leitor novas pistas e informações sobre eles: "a nova pista é também uma forma de predicação do objeto a ser identificado".[25] Trata-se, assim, de marcas da presença de um sujeito que, ao enunciar, opera com os recursos da língua, construindo determinados efeitos de sentido (de forma consciente ou não).

Possenti,[26] analisando o mesmo dado, observa que a ordem de ocorrência das retomadas, primeiro *o cantor* e depois *o jogador,* implica uma avaliação do locutor sobre o conhecimento de mundo do interlocutor, conhecimento que permitiria a recuperação dos devidos referentes. O exemplo mostra que a seleção das expressões, e também como aparecem na sequência, resulta de representações (o jogo de imagens de que fala

102 Professor, leitura e escrita

Michel Pêcheux) do locutor e do interlocutor e implica a construção de diferentes efeitos de sentido. O que é veiculado pelo aparecimento das expressões selecionadas é a apresentação de Chico Buarque e Sócrates sob uma "perspectiva usual", aquela conhecida pela maior parte dos interlocutores.

É importante ressaltar que as considerações de Possenti sobre o "discurso no texto"[27] objetivam discutir uma questão mais ampla, qual seja, a do estilo, sobre a qual o analista refletirá em outros momentos. No caso do estudo de que estamos falando, o autor discute uma questão textual (as retomadas anafóricas) sob um viés discursivo, isto é, interessa ao analista investigar as razões da seleção de um elemento e não de outro, os efeitos de sentido produzidos por essa seleção.

Para Possenti o jogo com formas alternativas (*o cantor, o compositor*) é um fato de estilo: trata-se de uma escolha que representa o trabalho do locutor com os recursos expressivos que a língua oferece; o "jogo" é uma marca do trabalho com a linguagem. Nas palavras do analista:[28]

> Então se o locutor busca, dentre os possíveis, um dos efeitos que quer produzir em detrimento dos outros, terá que escolher dentre os recursos disponíveis, terá que "trabalhar" a língua para obter o efeito que intente. E nisto reside o estilo. No como o locutor constitui seu enunciado para obter o efeito que quer obter.

O analista afirma que não se pode esquecer que essa escolha não é livre, que sofre numerosas constrições. Em reflexões posteriores, Possenti volta a afirmar que a escolha é uma categoria constitutiva do estilo, mas que ela deve ser vista como efeito de uma inscrição, seja social, discursiva ou genérica.

Temos, assim, caminhos interessantes para observar as retomadas anafóricas, que podem nos dar pistas tanto sobre o estilo individual como sobre o estilo dos gêneros. Isso porque a seleção das expressões depende do projeto de dizer do produtor do texto, de seu posicionamento discursivo e/ou das coerções do gênero a que pertence o texto. Aproveitando o exemplo no qual figura o nome do cantor Chico Buarque: imaginemos o caso de o locutor procurar enfatizar outra atividade do compositor, a saber, a de escritor, atividade a que Chico vem se dedicando nos últimos anos. A retomada do referente (Chico Buarque) seria feita por outra expressão, a adequada para sua inserção no mundo das letras, um universo diferente do que costuma/costumava ser a ele relacionado. Observe-se o seguinte trecho:

Chico Buarque (...). **O escritor** lança seu romance *Budapeste*

No caso de o locutor privilegiar o pertencimento a outro universo que não o da literatura, ou mesmo posicionar-se contra a ideia de que Chico Buarque é um escritor (ou um bom escritor), poderíamos pensar em retomadas diferentes. Observem-se os textos a seguir:

---

(1) Aos 60 anos, não aparentes, Chico Buarque conseguiu triunfar em duas especialidades artísticas muito diferentes: a música e a literatura. **Eleitor do presidente Lula**, acaba de participar do festival literário PEN World Voices, que reuniu em Nova York os principais escritores de todo o mundo. Buarque publicará em breve na Espanha seu último romance, "Budapeste" (grifo adicionado).

---

Fonte: http://www.vermelho.org.br/diario/2005/0428/0428_chico_buarque.asp. Acesso em 15 maio 2008.

---

(2) Budapeste - Chico Buarque
Mesmo sendo o melhor livro deste **consagrado cantor e compositor**, o romance ainda apresenta falhas e anda longe de ser bom
O livro é ruim. Apenas. Não muito ruim, péssimo ou nojento. Apenas ruim. Pra falar bem dele, diria que é o melhor livro **do grande compositor e músico** Chico Buarque (o que não quer dizer muito, a se levar em conta seus romances anteriores). Diria mais: o livro tem uma boa fluência de leitura. E o fato de ser relativamente curto (menos de 200 páginas) ajuda (caso você ache muito ruim dá pra ler até o final. Não acho porém que você deva deixar de ler esse sucesso de vendas **do cantor e compositor** Chico Buarque. Leia. [...] (grifo adicionado).

---

Fonte: http://www.bonde.com.br/bonde.php?id_bonde=1-14--1354-20040707. Acesso em 18 maio 2008.

Em (1), no primeiro enunciado afirma-se que Chico conseguiu triunfar em dois campos distintos, o que nos autorizaria a pensar que as expressões selecionadas para fazer a remissão estariam ligadas a esses campos, o da música ou da literatura (ainda mais que o texto dá informações sobre um festival literário). No entanto, a expressão *eleitor do presidente Lula*, que aparece no enunciado subsequente, retoma o referente inserindo-o

104 Professor, leitura e escrita

em outro universo, o da política, aquele que interessa aos propósitos do produtor do texto. Não se trata de oferecer uma informação que talvez o leitor não conheça, mas de, por meio da expressão selecionada, construir o texto de forma a possibilitar inferências positivas sobre a figura do presidente Lula. Isso porque o avaliado como mais relevante não é a atividade musical ou literária de Chico, mas sim o fato de ele ser eleitor de Lula, de ter depositado confiança na figura do presidente. Referir-se a Chico dessa forma constitui, então, um argumento favorável a Lula, quase um argumento de autoridade, poder-se-ia dizer, se considerarmos que Chico é uma figura que detém unanimidade. A expressão selecionada desvela, assim, a posição política do produtor do texto, sua adesão a um certo discurso de esquerda (note-se o nome do diário que veiculou a notícia).

Observe-se que em (2) as expressões selecionadas são as que o produtor do texto assume como adequadas para caracterizar Chico Buarque: "consagrado cantor e compositor", "grande compositor e músico", "cantor e compositor". Embora o texto trate do lançamento do livro Budapeste, não há retomadas por meio de expressões que remetam ao mundo das letras, mas apenas aos universos avaliados como os "próprios" de Chico, os mundos a que ele pertenceria de direito. Tais expressões aparecem adjetivadas (consagrado, grande), o que potencializa o contraste entre as atividades referidas (cantor e compositor) e o ofício ausente (o de escritor). Pode-se dizer que esses recursos (a adjetivação, o silenciamento) tornam a crítica ao trabalho literário de Chico mais contundente, além de implicitarem a ideia de que o sucesso do livro deve-se tão somente ao prestígio de Chico como cantor e compositor e não à qualidade do livro Budapeste.

Assim, em (1) e (2) as expressões nominais selecionadas para fazer a referência caracterizam diferentes estilos que devem ser vistos como efeito da inscrição dos sujeitos em diferentes discursos, quais sejam, o de uma certa esquerda e o de crítica/rejeição à ideia de que Chico pertenceria ao mundo literário. É importante ressaltar que a seleção das expressões (e o jogo que pode ser feito com elas) contribui de forma significativa para a construção do texto, não apenas no que diz respeito a oferecer ao leitor informações sobre os nomes retomados, mas também o de contribuir para conferir ao texto a densidade, a carga expressiva necessária para produzir determinados efeitos de sentido, quais sejam, o de adesão e o de crítica.

# Gêneros e retomadas anafóricas

Em se tratando da relação entre retomadas anafóricas e estilo dos gêneros, questões interessantes se colocam. Dependendo do gênero haveria restrições quanto à seleção das expressões? Existem gêneros menos/mais permeáveis a determinadas expressões nominais? Para refletir sobre essas questões, observemos os seguintes textos:

---

**Estudantes do Piauí fazem ato contra Philips**

Em Teresina manifestantes quebram televisão em protesto contra presidente da Philips

No dia em que o presidente da Philips, Paulo Zottolo, disse ao governador Wellington Dias (PT) que deverá ir ao Piauí, estudantes quebraram dois aparelhos da marca durante manifestação em Teresina para protestar contra declarações do empresário. Anteontem, Zottolo, também uma das lideranças do "Cansei", havia feito declarações negativas sobre o Estado. [...] Em entrevista ao jornal "Valor Econômico", Zottolo disse que "não se pode pensar que o país é um Piauí, no sentido de que tanto faz quanto tanto fez". Depois pediu desculpas pela declaração. Ontem, por telefone, Zottolo conversou com Dias e disse que deve ir ao Piauí, possivelmente no dia 28. O relato da conversa foi feito pela Secretaria de Comunicação do governo. A Philips, por meio de sua assessoria, confirmou a intenção do executivo. Em uma praça em Teresina, cerca de 50 manifestantes protestaram contra as declarações de Zottolo. Uma TV e um receptor de sinal fabricados pela empresa foram destruídos. Nota de repúdio ao executivo foi distribuída. Um trecho do texto, assinado por entidades como UJS (União da Juventude Socialista), UNE e UBES, diz que foi "demonstração clara do preconceito que a elite paulista tem contra nordestinos". [...]

---

Fonte: *Folha de S. Paulo*, 18 ago. 2007.

---

**Bastilha!**

Uma esquina solidária

"Tem uma televisão ali", observou um transeunte. "Parece que vão quebrar", conjeturou outro. E assim foi: sob o olhar atônito de passantes, Alemão levantou o televisor acima da cabeça e o arremessou com força no chão da Praça da Liberdade, no centro de Teresina. Voou transistor

---

holandês para todo lado. À distância, um grupo de lavadores de carro se deu conta do conteúdo do protesto e chegou à conclusão que era um dever cívico dar uma mão aos insurgentes. Decidiram-se por tocos. Judiciosamente distribuídos entre Alemão e seus quatro companheiros, o que restava do monitor agonizante foi abatido a pauladas. Pontapés também entraram na ordem do dia. Isso tudo ao som exaltado de "Piauí, terra querida,/ Filha do sol do Equador,/ Pertencem-te a nossa vida,/ Nosso sonho, nosso amor", o hino do estado. A multidão que comparecera ao ato público aplaudiu. O sol de uma da tarde torrava os miolos de uma centena de sujeitos furiosos, que, além de porretes, desfraldaram lábaros do Piauí. Diante da Igreja de São Benedito, ainda havia duas vítimas a executar: um receiver e um aparelho de som três em um. Curiosamente, o líder do motim, o Alemão, não é piauiense — e muito menos alemão. Ele se chama José Eduardo Araújo Borges, tem 26 anos, e é gaúcho. Mas sua alma, bem como sua mãe, pertencem ao Piauí, onde mora desde os 12. Ele é o presidente da União da Juventude Socialista do Piauí. Geralmente, sai às ruas para defender a reforma agrária, denunciar o imperialismo ianque e maldizer o Consenso de Washington. Naquela sexta-feira, essas questões lhe pareciam menores. Provisoriamente, o inimigo agora era outro e levava o nome de Zottolo, ou "O Tolo", como berravam todos em uníssono enquanto marchavam pela Avenida Frei Serafim. Como o leitor piauiense está cansado de saber, Paulo Zottolo é o presidente da Philips e virou uma espécie de Asmodeu, Coisa-Ruim e Cão-Tinhoso depois de declarar ao jornal Valor, no dia 16 de agosto, que "se o Piauí deixar de existir ninguém vai ficar chateado". Como estava enganado! Um bocado de gente se chateou. E não apenas jovens socialistas. [...] Zottolo não deixa o Piauí em paz. Quando era diretor da Nivea, achou divertido dizer que, antes dele, a marca era como Teresina, "que todo mundo sabe que existe mas ninguém sabe onde fica". Zottolo agora está cansado de saber.

Fonte: Revista *Piauí*, nº 12, set. 2007.

Os textos pertencem ao discurso jornalístico, ao gênero notícia e reportagem, respectivamente. Trata-se de gêneros que a comunidade jornalística[29] situa na categoria informativa (juntamente com a nota e a entrevista), concebidos como tendo por função observar a realidade e descrevê-la, e não analisá-la ou avaliá-la, como nos gêneros da categoria opinativa (o editorial e a coluna de opinião, entre outros). Tal classificação fundamenta-se na crença de que a linguagem seria neutra, de que poderia (e deveria) apenas refletir o mundo e não também refratá-lo.

No que diz respeito ao gênero noticioso, há toda uma "legislação" sobre ele, presente em manuais de redação de grandes jornais, orientando a produção dos textos e alertando para determinados "perigos", como o de o jornalista ser tendencioso. Quanto a sua estrutura composicional, deve atender ao critério de ordenação dos fatos feita a partir do mais importante (a chamada pirâmide invertida). A linguagem, por seu turno, deve ser isenta de quaisquer marcas que apontem para o locutor-jornalista, uma linguagem sem adjetivações e apreciações (o uso da terceira pessoa é obrigatório). Em termos bakhtinianos, teríamos um estilo objetivo-neutro, que abre pouco espaço para um trabalho do sujeito com os recursos expressivos da língua, para um trabalho com o *como dizer* do texto.

Assim como a notícia, a reportagem é uma narrativa: apresenta o relato de fatos, de acontecimentos. No entanto, na reportagem, o jornalista tem maior liberdade em relação a certas limitações impostas ao gênero noticioso, como à forma de organizar o texto (os eventos não necessariamente aparecem ordenados de acordo com o critério de relevância, podem ser apresentados na ordem cronológica). Além disso, por ter como função possibilitar um "conhecimento mais aprofundado dos fatos", os textos produzidos no gênero reportagem podem ser mais longos, o que exige que o jornalista lance mão de recursos para que seu texto desperte o interesse do leitor e seja lido até o final.

Percebe-se, assim, que o gênero reportagem é mais permeável a um trabalho com a forma, o que nos leva a supor que as retomadas anafóricas nele presentes são feitas por expressões que apresentam carga apreciativa mais "evidente", ao contrário do que ocorreria no gênero noticioso, com expressões mais "neutras". Resumindo: as expressões são selecionadas obedecendo aos limites determinados pelo gênero. Para produzir o efeito de verdade, caso da notícia, expressões que desvelem valorações subjetivas não são bem-vindas e, por isso, sua ocorrência é improvável.

A observação dos anafóricos usados nos dois textos para retomar nomes/expressões nominais anteriormente veiculados revela diferenças que confirmam o que estamos dizendo. No primeiro texto, a referência ao nome *Paulo Zottolo* é feita pelos elementos anafóricos "o empresário", "o executivo", "o presidente da Philips", "uma das lideranças do 'Cansei'". Com exceção desse último, uma "lembrança" que pode funcionar como uma crítica indireta, já que estabelece um contraste entre os objetivos declarados do movimento liderado pelo empresário ("luta pelos direitos dos brasileiros") e suas "declarações negativas", os demais não revelam explicitamente apreciações sobre o nome retomado, valorações sobre o presidente da Philips.

O mesmo não ocorre no texto da reportagem. Para retomar o nome *Alemão* e o sintagma *Alemão e seus companheiros* são empregadas as expressões "líder do motim", "os insurgentes", "uma centena de sujeitos furiosos". A remissão ao antecedente *televisor* é feita por meio da expressão "o monitor agonizante". Sobre esse mesmo referente, observe-se a anáfora "transistor holandês" que o retoma ainda no primeiro parágrafo. Trata-se de uma expressão que estabelece uma relação indireta (todo-parte) com o termo antecedente, exigindo do leitor o conhecimento de que a Philips é uma multinacional holandesa. Pode-se dizer que anáforas desse tipo (que a Linguística Textual denomina *anáforas indiretas*) dificilmente ocorreriam em textos do gênero notícia. Isso porque a linguagem desse gênero deve ser clara e direta, um "espelho do real", segundo os defensores da ideia de transparência da linguagem. A exigência de precisão leva o enunciador a realizar uma série de operações a fim de "fechar o texto" (retomando a expressão de Geraldi), dentre elas antecipar o que poderia provocar dificuldades de compreensão, evitando, assim, determinadas construções.

No texto da *Folha*, por exemplo, o termo *televisão* presente no intertítulo ("Em Teresina manifestantes quebram *televisão*...") é objeto de descrições/especificações no corpo do texto, realizadas pelas expressões "dois aparelhos da marca" e "uma TV e um receptor de sinal fabricados pela empresa". Em ambas, os especificadores (*da marca, fabricados pela empresa*) não expandem as informações sobre o objeto tratado ou sobre a empresa que o fabrica (caso do texto da Revista *Piauí*), funcionando mais como um "reforço" do conhecimento de que o leitor já dispõe naquele trecho do texto/momento da leitura.

Na reportagem da Revista *Piauí* também há casos de remissão para frente como em "*o inimigo* – Zottolo ou 'O Tolo', ou "*duas vítimas a executar*: um receiver e um aparelho de som três em um". Esse tipo de encadeamento permite indicar antecipadamente ao leitor como o fragmento que segue deve ser interpretado. Nas duas ocorrências, as expressões "o inimigo" e "duas vítimas a executar" caracterizam de forma bastante significativa o alvo direto da manifestação dos "insurgentes". Embora a avaliação contida nas expressões represente o ponto de vista desses últimos, não há marcas no texto que dissociem de forma clara esse ponto de vista daquele do produtor do texto (como as aspas, por exemplo). O efeito que se produz é o de aproximar as duas perspectivas: a cena enunciativa é apresentada de seu interior, como se o locutor estivesse presenciando "de dentro" os acontecimentos, relatando-os em um tom entre o condescendente e o bem-humorado.

Tanto os encadeamentos presentes nos textos como a seleção dos elementos que compõem as expressões que constroem as cadeias coesivas revelam diferenças que se explicam pelos gêneros em que os textos são produzidos. No texto da notícia, os encadeamentos selecionados não exigem que o leitor faça inferências para chegar ao termo que é retomado. A remissão, por sua vez, é realizada por meio de expressões mais "neutras", que pouco revelam as avaliações do produtor do texto sobre o acontecimento relatado. Esses traços podem ser considerados marcas do gênero noticioso, um dos traços que caracterizam o estilo objetivo-neutro desse gênero.

Ao contrário, a reportagem apresenta encadeamentos que necessitam da cooperação do leitor para a (re)construção de determinados segmentos textuais, para o preenchimento de vazios. As nominalizações, por sua vez, são claramente avaliativas, veiculam posicionamento(s) em relação ao que é apresentado ao leitor. Trata-se de um gênero cujo estilo, mais maleável, permite a intervenção/trabalho do produtor do texto. Uma das marcas desse trabalho (o estilo individual) é, portanto, o "jogo" com os mecanismos coesivos, a seleção de expressões nominais, que não precisam, obrigatoriamente, ser "neutras".

Quanto menos padronizado for o gênero, maior espaço tem o produtor do texto para selecionar expressões que contribuam para caracterizar positiva ou negativamente quaisquer segmentos do texto que sejam objeto de designações/caracterizações. Em certos gêneros literários, por exemplo, são comuns expressões com evidente carga valorativa, e até mesmo carga afetiva, o que nos leva a supor ser esse um traço característico do estilo desses gêneros. Observem-se os seguintes exemplos:

> João era casado com Maria e moravam em barracão de duas peças no Juvevê: era rua de lama e ele não queria que a dona molhasse os pezinhos. O defeito de João era ser bom demais – dava tudo o que ela pedia.

110 Professor, leitura e escrita

> Garção do *Buraco do Tatu*, trabalhava até horas mortas; uma noite voltou mais cedo para casa e achou as duas filhas sozinhas, a menor com febre. João trouxe água com açúcar e, assim que ela dormiu, foi espreitar na esquina. Maria chegava abraçada a outro homem, despedia-se com beijo na boca. Investiu furioso contra os dois, o amante correu e a esposa de joelhos pediu perdão em nome do filho no ventre. [...]
> Maria era pecadora de alma, corpo e vida, não se redimia dos erros. Nem bem o nosso João virava as costas, ela deixava as filhas com a vizinha e saía, toda pintada de ouro. Tornou-se amante do motorista da linha de ônibus Prado Velho-Praça Tiradentes: subia gloriosamente pela porta da frente, sem pagar passagem.

Fonte: TREVISAN, Dalton. O senhor meu marido. *Guerra conjugal.* 2. ed., Círculo do Livro, 1975.

Neste pequeno trecho, as personagens principais do conto, João e Maria, são apresentadas ao leitor. As retomadas anafóricas "garção do Buraco do Tatu" e "nosso João" contribuem de forma significativa para delinear a personalidade afável e generosa de João, em contraste com o comportamento "desvirtuado" de Maria. A primeira expressão não apenas informa a ocupação e o local de trabalho de João: por meio dela, o narrador constrói a imagem do marido dedicado, que trabalha em um local inóspito (Buraco do Tatu), capaz de sacrifícios para agradar a esposa, para cuidar da família. Observe-se que o termo *horas* aparece qualificado de forma a acentuar os sacrifícios, a reforçar a existência sofrida de João (horas *mortas*), uma associação inesperada e singular, que provoca o efeito estético.

A expressão "nosso João" indica de forma clara o carinho que o narrador sente pela personagem, sua identificação com João. Ao empregá-la, propõe ao leitor que este também se identifique, que sinta empatia pelo marido sofrido e dedicado. O efeito de adesão, se produzido, deve-se, em grande parte, à seleção dessa expressão.

Observe-se a construção da personagem principal no poema a seguir:

## Morte do Leiteiro

Há pouco leite no país,
é preciso entregá-lo cedo.

Há muita sede no país,
é preciso entregá-lo cedo.
Há no país uma legenda,
que ladrão se mata com tiro.
Então o moço que é leiteiro
de madrugada com sua lata
sai correndo e distribuindo
leite bom para gente ruim.
Sua lata, suas garrafas
e seus sapatos de borracha
vão dizendo aos homens no sono
que alguém acordou cedinho
e veio do último subúrbio
trazer o leite mais frio
e mais alvo da melhor vaca
para todos criarem força
na luta brava da cidade.

Na mão a garrafa branca
não tem tempo de dizer
as coisas que lhe atribuo
nem o moço leiteiro ignaro,
morador na Rua Namur,
empregado no entreposto,
com 21 anos de idade,
sabe lá o que seja impulso
de humana compreensão.
E já que tem pressa, o corpo
vai deixando à beira das casas
uma apenas mercadoria.

E como a porta dos fundos
também escondesse gente
que aspira ao pouco de leite
disponível em nosso tempo,

avancemos por esse beco,
peguemos o corredor,
depositemos o litro...
Sem fazer barulho, é claro,
que barulho nada resolve.

**Meu leiteiro** tão sutil
de passo maneiro e leve,
antes desliza que marcha.
É certo que algum rumor
sempre se faz: passo errado,
vaso de flor no caminho,
cão latindo por princípio,
ou um gato quizilento.
E há sempre um senhor que acorda,
resmunga e torna a dormir.

Mas este acordou em pânico
(ladrões infestam o bairro),
não quis saber de mais nada.
O revólver da gaveta
saltou para sua mão.
Ladrão? se pega com tiro.
Os tiros na madrugada
liquidaram **meu leiteiro**.
Se era noivo, se era virgem,
se era alegre, se era bom,
não sei,
é tarde para saber.

[...]

Fonte: ANDRADE, Carlos Drummond de. *Poesia e prosa*. Rio de Janeiro, Nova Aguilar, 1988.

112 Professor, leitura e escrita

O poema narra o crime do qual foi vítima o leiteiro, aquele que entrega "leite bom para gente ruim". Desnecessário dizer que uma simples leitura já aponta a riqueza do texto: de imediato o poema provoca uma impressão positiva. Interessa-nos aqui ressaltar o papel da seleção dos termos/expressões que referenciam o leiteiro na produção de determinados efeitos.

Quando fala sobre o leiteiro (nome presente no título) pela primeira vez, o eu poético emprega a expressão "o moço", especificada pela oração adjetiva "que é leiteiro". A apresentação continua nos versos seguintes com uma série de informações. Ao mesmo tempo em que vai expondo essas informações, o eu poético vai tecendo considerações "filosóficas", reflexões sobre a condição humana, que a maioria das pessoas da cidade grande, incluindo o leiteiro, não tem tempo e/ou disposição para fazer (a pressa não permite): estão todos ocupados na "luta brava da cidade".

Ressalte-se que, embora observando a ausência de "humana compreensão" entre os homens, a voz do eu poético não se coloca acima das vozes dos habitantes da cidade (ou da voz do moço leiteiro), como superior a elas. Essa voz também, em diferentes passagens do texto, reconhece ignorar muitas coisas, inclusive a própria figura do leiteiro até aquele momento, o momento da enunciação. Assim, denomina suas próprias reflexões de "impulso de humana compreensão", expressão que remete à ideia de ação não habitual, como se não fosse comum que cenas do cotidiano provocassem reflexões sobre a condição humana. Da mesma forma, assume desconhecer traços importantes da personagem, traços que deveria conhecer ("se era noivo, se era virgem/ se era alegre, se era bom, não sei/ é tarde para saber"). Se levarmos em conta que a polifonia nos termos de Bakhtin diz respeito a um universo em que todas as vozes são equipolentes (e não a um universo de muitas vozes),[30] o poema é polifônico: o eu poético acolhe outras vozes, mas não se impõe sobre elas.

Um dos recursos que contribui para mostrar o distanciamento entre as pessoas, a invisibilidade de muitas, é a forma de apresentar a personagem central da história. De início, o olhar do eu poético é orientado segundo a perspectiva "comum", isto é, o leiteiro é apresentado como as pessoas da cidade o percebem, a saber, um corpo sem rosto. Observem-se as metonímias empregadas para compor sua figura: "sua **lata**, suas **garrafas**/ e seus **sapatos de borracha**", metonímias que produzem o efeito de enfatizar que somente esses traços do leiteiro são percebidos, traços que minimizam a condição humana da personagem. A indeterminação/reificação é reforçada, nos versos seguintes, pelo uso do pronome indefinido *alguém* ("**alguém** acordou cedinho") com função coesiva e também pela expressão anafórica *o corpo* ("**o corpo** vai deixando à beira das casas uma apenas mercadoria"), que ressalta o caráter desumanizado, o modo como o leiteiro é percebido por todos.

Nos versos seguintes a voz do eu poético vai se unir à figura do leiteiro, na tentativa de tirá-lo do anonimato, de dar-lhe um rosto. Para isso, deixa seu posto de observação e entra na cena do relato para dividir com ele a tarefa de distribuir o leite. As formas verbais aparecem pluralizadas (*avancemos, peguemos, depositemos*), um *nós* que inclui tanto a personagem como o eu poético. Da mesma forma, o *nós* inclusivo insere o leitor no interior do episódio (eu + você), convida-o a partilhar o drama vivido pelo leiteiro.

A aproximação é reforçada pelo emprego da expressão *meu leiteiro* (quinta e sexta estrofes), que mobiliza forte componente emocional e afetivo. Ao empregá-la, o eu poético assume sua adesão à figura sem rosto. Como ocorre no conto de Dalton Trevisan, o emprego da expressão contribui de maneira significativa para a construção do perfil da personagem, um perfil que desperta empatia e solidariedade na voz que conduz o relato. Sua ocorrência também convoca o leitor a partilhar desses sentimentos, pois o insere dentro da cena.

Pode-se dizer, assim, que a seleção/exploração de expressões referenciais desempenha papel relevante na escrita, na composição dos textos. Não se trata de variar as expressões com o intuito de evitar repetições (orientação presente em alguns manuais de escrita), mas de selecioná-las de forma a construir a "proposta de compreensão" a ser oferecida ao leitor. Tais expressões desempenham não apenas uma função coesiva, contribuindo para a coerência/legibilidade dos textos, mas também são cruciais para a produção de diferentes efeitos de sentido.

Vale lembrar que a avaliação da qualidade de um texto implica a observação (consciente ou não) de diferentes traços, dentre eles sua conformidade a "regras" do gênero em que é produzido. Isso significa dizer que não se pode considerar bem-escrito um texto do gênero notícia, por exemplo, se seu produtor não fala do lugar que deve ocupar nesse

114 Professor, leitura e escrita

gênero, isto é, o de observador imparcial dos fatos. Da mesma forma, o texto noticioso define um *ethos* sóbrio; o relato dos acontecimentos deve ser enunciado em um tom neutro e objetivo. Isso porque o simples fato de um texto pertencer a um gênero induz expectativas em termos de *ethos*.

Nesse sentido, tendo por parâmetro certos gêneros jornalísticos, seria improvável considerar bem-escrito o texto que segue:

---

**"Cansei" do capo fascista da Philips**
Por Altamiro Borges [Segunda-Feira, 20 de agosto de 2007 às 14h16]

O presidente da Philips, Paulo Zottolo, um dos principais líderes do "Cansei", não contém a sua língua e confessa seus instintos mais preconceituosos e elitistas a cada exposição na mídia. Em entrevista ao jornal *Valor Econômico*, ele abriu o jogo: "Se o Piauí deixar de existir ninguém vai ficar chateado". (...)

O "ato falho", porém, ajuda a desnudar e a enfraquecer o "Cansei", o movimento que reúne ricos empresários, notórios tucanos e demos e "artistas e publicitários de aluguel". O governador do Piauí, Wellington Dias, anunciou que exigirá a retratação do executivo. (...)

Mas não basta se indignar contra as bravatas fascistas do presidente da Philips. Ele mesmo disse, em outra entrevista, na qual se jactava de sua riqueza, que a multinacional financiará a campanha publicitária do "Cansei".

---

Fonte:http://www.revistaforum.com.br/sitefinal/BlogueirosIntegra.asp?id_artigo=797. Acesso em maio 2008.

Embora veicule informações sobre a entrevista do presidente da Philips ao jornal *Valor Econômico*, assim como os dois textos jornalísticos discutidos anteriormente, o texto acima apresenta traços que o impedem de ser reconhecido como pertencendo aos gêneros notícia ou reportagem. Isso porque não é formulado de acordo com as características "estáveis" desses gêneros, o que possibilita uma avaliação negativa ou mesmo sua rejeição caso o leitor esteja na expectativa de gêneros jornalísticos mais "imparciais".

Vimos que uma das marcas que caracterizam o estilo objetivo-neutro do gênero notícia é a ocorrência de nominalizações com carga avaliativa "neutra" que, juntamente com outros recursos, organiza o texto de modo a cumprir seu propósito comunicativo. A seleção das expressões atende a esse propósito, a saber, o de informar, contribuindo para construir o efeito de objetividade e imparcialidade.

Assim, um dos traços que levam o leitor a reconhecer o texto acima como não noticioso é a presença, logo no título, da expressão "o capo fascista da Philips", selecionada para nomear o executivo da multinacional holandesa, expressão que revela de forma inequívoca o ponto de vista do produtor do texto. Ressalte-se que não incidem aspas sobre a expressão, o que confirma que o produtor do texto assume as palavras como suas. Observe-se que isso não ocorre no seguinte título:

**Promoção "do traidor" Lamarca revolta militares**
Fonte: *O Estado de S. Paulo*, 15 jun. 07.

Nele, as aspas marcam o distanciamento do produtor do texto (o locutor-jornalista) em relação ao ponto de vista embutido na expressão "o traidor", aquele que é atribuído aos militares. Trata-se de um texto noticioso, gênero que não permite ao jornalista selecionar expressões que revelem de forma explícita apreciações e julgamentos.

De volta ao texto do blog: também as nominalizações "o jogo", "o ato falho" e "as bravatas fascistas", empregadas para referenciar tanto a entrevista como as declarações dadas por Paulo Zotollo, revelam a posição do produtor do texto sobre aquilo que enuncia.

A Linguística Textual denomina as últimas expressões de *anáforas rotuladoras*. Os sintagmas nominais selecionados não apenas retomam elementos que apareceram anteriormente na sequência, mas passam a acumular dupla função, isto é, além de condensar a informação contida no segmento anterior, estabelecem um novo referente, que pode constituir um tema específico para enunciados posteriores. Koch[31] considera que tais anáforas são formas híbridas, tendo, ao mesmo tempo, função referenciadora e predicativa.

De fato, as expressões nominais com função anafórica também têm, além da função referenciadora, função predicativa, mas parece-nos que as condensações (retomando a designação dada por Geraldi em suas reflexões) assumem de forma mais evidente essa função. Trata-se, assim, de um lugar privilegiado para o produtor do texto "embutir" seus acentos apreciativos sobre o assunto/personagem de que trata. Observemos como isso ocorre nos textos apresentados.

No texto noticioso da *Folha de S. Paulo*, a fala de Zotollo é condensada pelo rótulo "declaração" ("Depois pediu desculpas pela *declaração*"), que não aponta para um julgamento do jornalista em relação à fala do empresário: trata-se de um termo "neutro". A seleção desse item lexical

## 116 Professor, leitura e escrita

contribui para produzir o efeito de imparcialidade pretendido pelo gênero notícia, no qual o jornalista é "proibido" de emitir opinião.

O texto do blog, por seu turno, condensa a fala do executivo por meio de rótulos que são claramente avaliativos: "o jogo", "o 'ato falho'", "as bravatas fascistas". Ressalte-se que o comentário que antecede o discurso citado (segmento que está entre aspas) também contém carga negativa, que é reiterada e ampliada por esses rótulos. Transcrevemos o trecho:

> [...] **confessa seus instintos mais preconceituosos e elitistas a cada exposição na mídia**. Em entrevista ao jornal *Valor Econômico*, ele abriu o jogo: "Se o Piauí deixar de existir ninguém vai ficar chateado" (grifo adicionado).

Observe-se que o enunciado em negrito antecipa o "conteúdo" da fala do empresário, antecipação que contém a interpretação do produtor do texto sobre essa fala (seria a confissão de instintos e preconceitos elitistas), sobre a própria figura do empresário. A expressão "o jogo", ao mesmo tempo em que recupera/resume o comentário sobre a entrevista, confere a ela um rótulo que a insere em uma categoria avaliada negativamente. Trata-se, assim, de mais um "lugar" do texto que aponta de forma clara o posicionamento de seu produtor, outra pista para que o leitor não o receba como uma notícia, mas sim como um comentário bastante incisivo e crítico.

Esses índices textuais permitem ao leitor construir uma imagem do sujeito enunciador, atribuir-lhe um *ethos*. O tom em que enuncia é incisivo, direto e acusatório, bem distante do tom neutro e moderado do jornalista que apenas observa(ria) os fatos. Se o efeito de rejeição ou avaliação negativa do texto for produzido, pode ser explicado levando em conta, entre outros fatores, a não submissão do produtor do texto ao *ethos* de certos gêneros jornalísticos (a maioria deles), àquele esperado pelo leitor do gênero notícia.

É importante lembrar que refletir sobre a produção de textos considerando o caráter estável dos gêneros não implica concebê-los como uma camisa de força, um modelo a ser seguido obrigatoriamente. Lembrando a definição de Bakhtin: gêneros são enunciados relativamente estáveis. A estabilidade convive com a instabilidade, o que significa dizer que mesmo gêneros altamente padronizados como o noticioso podem apresentar rupturas/mudanças. Essas, quando ocorrem, são provocadas por alterações na esfera social onde eles são elaborados.

No entanto, não se pode dizer que o gênero blog jornalístico seja uma transformação ou mesmo uma ruptura em relação ao gênero notícia. As marcas textuais que apontamos no texto acima, como a ocorrência de anáforas rotuladoras com carga claramente avaliativa, devem ser tomadas como traços de estilo desse outro gênero (e não como rompimento de convenções genéricas), cujos propósitos comunicativos implicam papéis para seus participantes (o sujeito-jornalista e o leitor) bem diferentes daqueles implicados no gênero notícia. Neste último, o de observador imparcial dos fatos, que fala a um leitor interessado na "essência" do que realmente aconteceu; no primeiro, o de analista crítico, que muitas vezes revela o que as grandes mídias não permitem fazê-lo, que fala a um leitor disposto a conhecer pontos de vista "independentes".

Nesse sentido, a emergência do gênero blog jornalístico decorre não apenas do aparecimento da internet como também da demanda por espaços onde jornalistas (e mesmo não jornalistas) pudessem veicular comentários e análises sobre temas atuais (cultura, esporte, economia e outros), um espaço que o jornalismo impresso oferece para poucos.

Trata-se, assim, de outro gênero, mais maleável, que figuraria na categoria opinativa, na qual o jornalista está "autorizado" a emitir opiniões, a exibir de forma explícita seu ponto de vista. Como ressaltamos, em gêneros menos padronizados é maior a possibilidade de emergência de marcas de um estilo individual. No texto apresentado, aparecem determinados indícios que podem ser reveladores de um certo estilo individual, de marcas de autoria. Estamos nos referindo à variação dos verbos *dicendi*. Observem-se as seguintes ocorrências:

> **confessa** seus instintos mais preconceituosos
> o governador do Piauí, Wellington Dias, **anunciou** que exigirá a retratação do executivo
> ele mesmo disse, em outra entrevista, na qual se **jactava** de sua riqueza

O jogo com formas variadas de verbos não parece decorrente da necessidade de não empregar ou repetir o verbo *dizer*, cujo uso chega a ser recomendado em manuais de redação de alguns jornais devido a sua carga mais "neutra". Os que aparecem destacados acima, além de

## 118 Professor, leitura e escrita

bastante adequados ao contexto, colaboram para orientar o leitor a tirar determinadas conclusões, as pretendidas pelo produtor do texto. O emprego de "confessa", por exemplo, aponta para uma avaliação sobre as declarações do presidente da Philips, um julgamento sobre elas (um "ato falho"), julgamento que é apresentado ao leitor. O mesmo pode ser dito em relação a "jactava", um verbo com forte carga expressiva. A seleção desse verbo contribui para construir a imagem do empresário insensível e egoísta, figura que merece ser repudiada. O efeito de persuasão e de "verdade" (em relação ao que é dito sobre o empresário), se produzido, decorre do trabalho do produtor do texto com os recursos da linguagem, leia-se a seleção e o jogo com os verbos *dicendi*.

É importante ressaltar que o caráter mais maleável de certos gêneros não garante a emergência de um estilo individual, a produção do efeito de singularidade. Basta lembrar os pseudopoemas com os quais nos deparamos muitas vezes, textos que, embora compostos em um gênero bastante flexível, não apresentam qualquer marca de trabalho do sujeito com a forma, com o *como dizer* do texto. Observe-se o "texto" que segue:

> Pare! Atenção!
> O Joãozinho é distraído.
> Em nada presta atenção.
> Mas Totó, o seu amigo,
> é um excelente cão.
> Lá vêm os dois na calçada.
> E agora, olhem só!
> Na hora de atravessar,
> vejam o que faz Totó:
>
> Morde a calça do menino!
> "Ficou louco este meu cão?"
> Não, Joãozinho! O amarelo
> Mostra: Pare! Atenção!

Fonte: M. Zélia Machado (org.), *A escolarização da leitura literária*. Belo Horizonte, Ceale, 2006.

Trata-se de um "poema" retirado de um livro didático destinado às primeiras séries do Ensino Fundamental. Soares[32] o toma como exemplo do que considera a inadequada escolarização da literatura infantil. Para a autora, textos como o acima, produzidos pelos próprios autores do livro didático para ilustrar questões como a grafia de palavras[33] ou a necessidade de seguir regras (parar no sinal amarelo), distorcem o conceito de poema, o próprio conceito de texto, dão ao aluno a ideia equivocada do que seria a poesia e o fazer poético.

Embora a configuração na página seja a de um texto poético (estrofes e versos), não é necessário ser um leitor arguto para perceber que não se está diante de um poema, de um texto bem-escrito. Produzido tendo por finalidade apenas instruir o pequeno leitor, alertá-lo sobre a importância de atentar aos sinais de trânsito, os "versos" mostram de forma clara a exclusividade dessa função utilitária, a ausência de um trabalho com os recursos expressivos da linguagem, como a exploração do ritmo e de rimas (a que aparece em **ÃO** é gratuita, não cria efeito expressivo algum) e/ou a exploração dos múltiplos significados das palavras (ausência de metáforas e metonímias).

Embora o exemplo seja quase caricato, serve para mostrar que a seleção de um gênero de estilo mais permeável à manifestação de singularidade não garante a emergência de traços de estilo individual, a produção do efeito estético. Por outro lado, o estilo individual pode aflorar em gêneros padronizados. Os relatórios que Graciliano Ramos escreveu ao governador de Alagoas, quando exercia a função de prefeito da cidade de Palmeira dos Índios, já se tornaram exemplos emblemáticos da presença de um estilo individual em gêneros estereotipados e avessos a qualquer manifestação de subjetividade.

Pode-se dizer que o leitor-modelo (nos termos de Eco) delineado pelo "poema" apresentado por Soares é o de uma criança "infantiloide", incapaz de acompanhar textos mais elaborados, que discutam temas que não os doutrinários, uma imagem de leitor bem diferente da que emerge de poemas de José Paulo Paes destinados ao público infantil, ou mesmo de Manuel Bandeira, como o do "Pardalzinho", que discutimos anteriormente.

## Problemas de *ethos*

Como vimos, avaliar negativamente um texto ou mesmo rejeitá-lo, abandonando a leitura, pode decorrer de uma inadequação do *ethos* ao gênero no qual o texto é produzido, isto é, ao fato de o locutor enunciar em um tom que não é o esperado/o que convém para um dado texto. Segundo Maingueneau:[34]

A qualidade do *ethos* remete, com efeito, à imagem desse "fiador" que, por meio de sua fala, confere a si próprio uma identidade compatível com o mundo que ele deverá construir em seu enunciado. Paradoxo constitutivo: é por meio de seu próprio enunciado que o fiador deve legitimar sua maneira de dizer.

O texto que aparece a seguir permite explorar questões ligadas ao *ethos*.

---

É um percurso bem mais árduo do que os caminhos de laranjal do Jarí. As passarelas são mais estreitas e há trechos em que faltam ripas, por onde se vislumbra uma água barrenta. Para Maria Luiza, um caminho familiar. Ela só abandona o sorriso circunspecto quando eu escorrego, caio na água e fico gritando à procura de meu diário de viagem, onde estão todas as anotações. Entro em pânico. Ato contínuo, vou para a água e começo a garimpar meu tesouro perdido. Sem ele, jamais poderia reproduzir com fidelidade todos os nomes, números, entrevistas.

Enquanto berro "sumiu meu caderno", Maria Luiza sorri, divertindo-se. É de fato uma cena hilariante: um marmanjo de óculos enlameados, com água pelos joelhos, revirando a lama, desesperado.

Mais calmo, peguei-o e agarrei-o com a força de quem recupera um bilhete premiado de loteria jogado no lixo. Durante o resto do caminho até a casa, me lembro de minhas terríveis aulas de português, nas quais era obrigado a fazer análises gramaticais de *Os lusíadas*, de Camões. Um suplício. Minha raiva aumentou quando a professora disse que Camões viajava e naufragou com os originais. Mas ele se salvou agarrando as folhas com uma das mãos e nadando com a outra. Nos meus tempos de adolescente, quando ainda existia ginásio, não me conformava com aquele destino de *Os lusíadas* – por tão pouco, não seria obrigado a enfrentar as frases complicadas. Não entendia a perseverança de Camões. Hoje, nas devidas e óbvias proporções, compreendo o escritor português, depois de minha experiência, enlameado num bairro da periferia de Rio Branco no garimpo alucinado de minhas anotações.

---

Fonte: DIMENSTEIN, Gilberto. *Meninas da noite. A prostituição de meninas-escravas no Brasil.* 15. ed., São Paulo, Ática, 1999.

Trata-se de um fragmento de uma série de reportagens publicadas no jornal *Folha de S. Paulo* e depois reunidas em livro. Como vimos, o gênero reportagem é mais flexível que o noticioso, permitindo, inclusive, que se explicite a instância enunciativa (o jornalista pode escrever na primeira pessoa). É o que ocorre no texto acima: além de assumir o relato, o locutor é a personagem principal da cena relatada. No que diz respeito ao *ethos*, a reportagem autoriza *ethé* diferentes daqueles que correspondem ao gênero notícia.

Já vimos que para construir o *ethos* do sujeito que enuncia, o leitor se apoia em determinados índices textuais. No texto do jornalista, quais seriam os "lugares" que apontariam para a voz que enuncia, para traços do sujeito enunciador?

Para responder essa questão, observemos como os acontecimentos são apresentados ao leitor: depois de descrever um ambiente inóspito, o locutor relata as dificuldades em trafegar por ele, a queda que sofre e a perda de seu diário de anotações. A cena é presenciada pela menina Maria Luiza para quem, ao contrário da voz que enuncia, o caminho é familiar. Essa apresentação sugere a inadequação, o despreparo do homem da cidade grande em fazer coisas simples, uma caracterização nada positiva do "estrangeiro". Essa figura provoca risos, e até reconhece (humildemente?) que esses são merecidos, assumindo um papel quase que cômico diante da menina que mora nos confins do país, prostituída, uma "menina da noite", que nunca frequentou a escola. Vê-se, assim, que a figura do narrador-personagem foi construída de forma a fazer com que o leitor lhe atribua um *ethos* – o do sujeito que valoriza o outro, que respeita o saber não formal desse outro. Em outros termos: o *ethos* do bom sujeito.

Também quando se refere às suas aulas de português (*terríveis, um suplício*), a voz que enuncia procura construir de si a imagem daquele que concebe o saber formal como pouco relevante. Ao fazer o relato é como se dissesse "eu sou assim, valorizo pouco o saber formal, apesar de ser um grande jornalista/escritor".

No entanto, determinados trechos do texto apresentam índices que permitem a construção de um *ethos* bastante diferente. Isso ocorre quando o narrador faz considerações sobre seus apontamentos. As metáforas selecionadas para designá-los – "tesouro perdido", "bilhete premiado **jogado no lixo**" (grifo adicionado) – denunciam a presença de um sujeito que valoriza o que seu outro (a menina Maria Luiza) não tem. Do mesmo modo, ao comparar sua aventura com a de Camões ("nas devidas e óbvias proporções"), o locutor coloca-se no mesmo nível do escritor português, partilhando traços deste último, não só a perseverança, mas também a habilidade com a escrita, a erudição: seu caderno de anotações seria como os originais do grande escritor, ambos teriam as mesmas qualidades (ou parecidas), merecendo, assim, sacrifícios para ser resgatado "do lixo".

# 122 Professor, leitura e escrita

Assim sendo, a leitura global do texto não confirma o *ethos* a que se atribui o locutor do texto, o que procura construir de si, a saber, a do homem que pouco sabe, que estabelece com o outro uma relação simétrica, de solidariedade. Esse *ethos* pretendido vai de encontro ao *ethos* engendrado pelo seu modo de dizer, aquele mostrado pelo texto, visto que o que transparece é a imagem de um intelectual que valoriza o saber que acredita deter, que se considera superior, um escritor grandioso. Assim, esse modo de dizer não atesta o que é dito em boa parte do texto, o que pode explicar a possível não adesão do leitor a esse dito. Em outras palavras: o efeito de incorporação não se produz (ou pode não se produzir).

Pode-se dizer que o texto do jornalista exemplifica uma questão bastante interessante ligada ao *ethos*, sobre a qual reflete Maingueneau,[35] a saber, a distância entre o *ethos* visado e o *ethos* produzido. Para o analista, o conceito de *ethos* coloca múltiplos problemas, se se quer analisá-lo com "alguma precisão". Dentre eles, destaca o fato de o público construir representações do enunciador antes mesmo que ele fale, apesar de o *ethos* estar ligado à enunciação, o que leva Maingueneau a propor uma distinção entre *ethos* discursivo e *ethos* pré-discursivo.

Outra dificuldade ligada à noção, a que nos interessa aqui destacar, é a de o *ethos* remeter a coisas diferentes se considerado do ponto de vista do locutor ou do destinatário. Nas palavras do analista:[36]

> (...) o *ethos* visado não é necessariamente o *ethos* produzido. O professor que quer passar uma imagem de sério pode ser percebido como monótono, e aquele que quer passar a imagem de indivíduo aberto e simpático pode ser percebido como doutrinador ou "demagogo". Os fracassos, em matéria de *ethos*, são moeda corrente.

Concluindo: mesmo que o texto pareça bem-escrito (sem "erros de português"), a proposta de compreensão oferecida ao leitor corre o risco de ser rejeitada. A rejeição pode ser explicada pela falta de harmonia entre o que é dito (o "conteúdo" do texto) e o tom em que esse dito é enunciado. Dessa forma, escrever bem implica a construção de um *ethos* compatível com aquilo que o texto diz, compatível com o gênero no qual o texto é produzido.

## A seleção da cenografia

Quando discutimos questões ligadas à leitura, ressaltamos a produtividade do conceito de cena enunciativa, tal como proposto por D. Maingueneau, para explicar a produção de certos efeitos de sentido. Retomando: a leitura de um texto passa por três cenas (ou eventualmente quatro) – a cena englobante, a cena genérica e a cenografia. A cena englobante corresponde ao tipo de discurso a que o texto pertence, a seu modo de funcionamento social. Nas palavras de Maingueneau:[37]

> quando recebemos um panfleto na rua, devemos ser capazes de determinar a que tipo de discurso ele pertence: religioso, político, publicitário etc., ou seja, qual é a cena englobante na qual é preciso que nos situemos para interpretá-lo, em nome de quê o referido folheto interpela o leitor, em função de qual finalidade ele foi organizado.

Mas os leitores não se confrontam diretamente com tipos de discurso, mas com gêneros discursivos particulares, que implicam contextos específicos, papéis, circunstâncias, uma finalidade, um suporte material etc.: "num panfleto de campanha eleitoral trata-se de um 'candidato' dirigindo-se a 'eleitores'; numa aula, trata-se de um professor dirigindo-se a alunos".[38] Na maioria dos casos, a cena de enunciação se reduz a essas duas primeiras cenas (a englobante e a genérica). Em outros, porém, uma outra cena pode intervir, a cenografia, aquela com a qual se confronta diretamente o leitor, a cena que é construída pelo próprio texto.

O texto que apresentamos para ilustrar o conceito de cena de enunciação foi uma propaganda da Coca-Cola. Apontamos como cena englobante o discurso publicitário e o anúncio como cena genérica. Por sua vez, a cenografia do texto, uma redação de aluno, foi por nós avaliada como responsável pela produção do efeito de persuasão; uma cenografia extremamente eficaz, nos termos de Maingueneau. Isso porque o texto faz com que o leitor caia em "uma espécie de armadilha": recebe-o como uma redação de aluno (e acredita em tudo o que é dito na redação, como a transformação do aluno em exemplo graças ao *Programa Coca-Cola de Valorização do Jovem*) e não como a propaganda de um refrigerante.

Vê-se, assim, que a seleção da cenografia é um componente extremamente importante no processo de escrita, crucial para a produção de

124 Professor, leitura e escrita

certos efeitos. Isso porque o *projeto de dizer* do locutor materializa-se de forma muito mais significativa e eficaz se a cenografia escolhida for a mais adequada para dizer o que se pretende dizer. À cena construída pelo texto associa-se um certo tom, um *ethos*, que deve estar em harmonia com a cenografia selecionada. Observemos essas questões no poema a seguir:

*Primeira lição*

Os gêneros de poesia são: lírico, satírico, didático, épico, ligeiro.
O gênero lírico compreende o lirismo.
Lirismo é a tradução de um sentimento subjetivo, sincero e pessoal.
É a linguagem do coração, do amor.
O lirismo é assim denominado porque em outros tempos os versos sentimentais eram declamados ao som da *lira*.
O lirismo pode ser:
a) Elegíaco, quando trata de assuntos tristes, quase sempre a morte.
b) Bucólico, quando versa sobre assuntos campestres.
c) Erótico, quando versa sobre o amor.
O lirismo elegíaco compreende a elegia, a nênia, a endecha, o epitáfio e o epicédio.
Elegia é uma poesia que trata de assuntos tristes.
Nênia é uma poesia em homenagem a uma pessoa morta.
Era declamada junto à fogueira onde o cadáver era incinerado.
Endecha é uma poesia que revela as dores do coração.
Epitáfio é um pequeno verso gravado em pedras tumulares.
Epicédio é uma poesia onde o poeta relata a vida de uma pessoa morta.

Fonte: CESAR, Ana Cristina. *A teus pés*. São Paulo, Ática, 1998.

A primeira leitura do texto mostra que ele apresenta uma cenografia que o distingue de outros poemas. Tal cenografia não foi selecionada ao acaso, mas sim como a mais adequada para dizer o que o poema pretende dizer. Embora seja composto de versos que mais parecem provenientes de um livro didático, o leitor está diante de um poema. E um poema que fala sobre poemas, mas não da forma que falaria um eu poético,[39] mas sim como o fazem os manuais de literatura, isto é, apresentando definições em um tom entre o didático e o inexpressivo.

O título do poema (*Primeira lição*) antecede o que será tratado no corpo do texto – o conteúdo do que seria uma primeira lição sobre poesia/literatura, o que costuma ser nela incluído. Trata-se de uma classificação de gêneros poéticos muito conhecida de alunos, repleta de informações inócuas (o verso "O gênero lírico compreende o lirismo" enfatiza o caráter gratuito de tal conteúdo) que, muitas vezes, eles são obrigados a decorar (além de datas e características de escolas literárias), pois fazem parte do conteúdo das aulas de literatura, o qual será cobrado depois em provas e testes.

Observe-se como o poema organiza e dispõe tais informações: os versos são construídos como enunciados definitórios (do tipo X é Y), que reduzem os conceitos apresentados a estereótipos, a como se costuma concebê-los. Assim, diz-se que o lirismo "é a linguagem do coração, do amor", um ponto de vista sobre a poesia que a identifica a "coisas do coração", a "dor de cotovelo", uma representação que ainda circula em nossa sociedade, responsável, muitas vezes, pela aversão/resistência de alunos (principalmente os meninos) a qualquer manifestação poética.[40]

Há, também, versos construídos sob a forma de enunciados classificatórios, que apresentam a distribuição do gênero lírico em diferentes grupos, em diferentes tipos de poema. O poema não apenas fala sobre essa classificação, mas a *mostra*: os versos seguintes àquele terminado por dois pontos ("O lirismo pode ser:") aparecem enumerados (a, b e c), configurando-se como uma lista, uma série de itens.

A essa cenografia associa-se um *ethos* distanciado, desapaixonado, próprio de quem expõe com tranquilidade e extremo didatismo conceitos "relevantes" presentes em uma unidade de livro didático. A harmonia entre essa voz e aquilo que enuncia é fundamental para conferir ao texto o efeito de verossimilhança, necessário para que o leitor seja interpelado não só como leitor de poesia, mas também como aluno de uma "primeira lição" de literatura, lugar que lhe atribui a cenografia do texto. Nesse lugar, pode interrogar-se sobre a utilidade de aulas como a encenada pelo poema, pode criticar/rejeitar o uso que se faz da literatura na escola.

Outros elementos presentes no poema contribuem para construir a crítica à primeira lição, a transformação da poesia em conteúdo a ser memorizado. A intromissão da palavra "didático" no primeiro verso é um desses elementos. Ela aparece no interior da sequência que apresenta os diferentes gêneros poéticos, sequência que termina com "ligeiro", palavra separada das demais, pois figura no verso posterior. A primeira liga-se diretamente ao "mundo" responsável pela reificação da literatura; a segunda sugere o caráter vivo/libertário da própria poesia, a impossi-

# 126 Professor, leitura e escrita

bilidade de enquadrá-la, de categorizá-la. O fato de figurar sozinha no verso enfatiza esse traço libertário, inerente à poesia, traço que não figura nas classificações dos manuais.

Outro lugar do texto que desvela a crítica ao didatismo da literatura são os nove versos finais do poema. Observe-se que a partir do nono verso o poema dedica-se a discorrer sobre o lirismo elegíaco, aquele que "trata de assuntos tristes". O predomínio desse lirismo (dos 22 versos do poema, nove, a grande maioria, são dedicados a ele) tem por efeito enfatizar a proximidade entre a "primeira lição" e a morte. Isso ocorre quando se usa a literatura para fins utilitários, quando se procura encarcerá-la.

O poema ressalta (denuncia?), assim, a morte da poesia: a primeira lição revela-se uma antilição, pois ao contrário de atrair leitores, de mostrar o caráter vivo, pulsante da poesia, decreta sua morte. Infelizmente, trata-se de uma realidade não muito distante do dia a dia de muitos alunos. Isso porque o contato que têm na escola com textos literários acaba por afastá-los da literatura, uma vez que as atividades desenvolvidas com/ a partir dos textos não passam de exercícios de busca de informações (análises de conteúdo) ou de metalinguagem, nada muito interessante ou útil se o objetivo for a formação de leitores que percebam e apreciem o fazer poético.

Concluindo: para mostrar de forma significativa e singular a transformação da literatura no avesso do que ela é, selecionou-se a cenografia perfeita – um poema construído na forma de uma unidade de livro didático.

## Os vazios do texto

Falamos várias vezes em vazios para fazer referência a lugares do texto que demandam a participação do leitor para a construção de sentidos. A própria metáfora do *iceberg* aponta para essa característica dos textos, sua não explicitude, decorrente da natureza opaca da linguagem. Por vazios entendemos tanto informações que não são explicitadas na superfície textual como determinados argumentos/críticas que precisam ficar no nível do implícito para que certos efeitos se produzam, como o efeito de adesão ou o de neutralidade.

No que diz respeito à produção de textos, é necessário um balanceamento adequado, isto é, saber avaliar o que pode ou não ser explicitado, sugerido etc. Esse "cálculo" é condicionado por elementos de ordem diversa: a imagem do leitor, o propósito comunicativo do texto, dentre outros. Pode-se dizer que um texto bem-escrito é aquele cujos vazios são os necessários para tornar sua proposta de compreensão eficaz. Nas palavras de Franchi:[41]

> [...] dentre os inúmeros recursos de que dispõe, o falante seleciona um ou outro segundo critérios de relevância que ele mesmo estabelece na medida em que interpreta, adequadamente ou não, as condições da produção de seu discurso: como devo parecer quando falo [escrevo]? Para quem eu falo [escrevo]? Com que propósitos e intenções? O que eu posso pressupor e implicitar? etc.

Assim, interpretar adequadamente o que deve ou não aparecer na superfície textual é uma habilidade de nossa competência textual, habilidade que pode ser desenvolvida. Essa interpretação (o que deve/pode ficar no nível do implícito?) é condicionada pelo gênero selecionado pelo produtor do texto. Observe-se o texto que segue:

Fonte: *Revista do Provão* n° 6, 2001.

A charge apareceu estampada na capa de uma revista do MEC, a *Revista do Provão*, publicação que divulgava informações/discutia assuntos ligados à avaliação instituída pelo MEC em 1996. A prova, que durou até 2003 e foi substituída pelo atual Enade, deveria ser obrigatoriamente realizada por alunos concluintes de cursos de graduação sorteados a cada ano.

O provão sofreu um boicote por parte de uma série de entidades estudantis, que o acusaram de ser uma avaliação não processual, que considerava apenas a nota do aluno na prova e não incluía uma avaliação sobre as condições das faculdades/universidades, como o quadro de professores.

Observe-se que as informações presentes nos parágrafos anteriores são cruciais para a leitura da charge. O texto foi construído levando em conta que elas são conhecidas dos leitores, partilhadas, portanto, entre esses e o produtor do texto. A informação de que há aqueles que rejeitam o provão aparece embutida na figura do rapaz que faz a pichação. É com/a partir desse "quadro comum" que o texto pode dizer o que tem a dizer, provocar determinados efeitos de sentido ou não.

Vejamos como o texto diz o que diz, que vazios supõe que o leitor preencherá sem dificuldades. Para caracterizar aquele que representa os contrários ao provão, a charge apresenta-o no momento em que estaria convocando os demais estudantes a boicotar a avaliação. A cena funciona, assim, como um flagrante, um momento revelador e incontestável. E o que revela o momento flagrado? É a inabilidade do rapaz em produzir um simples enunciado, sua inaptidão. Essa se indicia por meio de dois traços avaliados como altamente problemáticos: o espelhamento e a troca de letras.

Discutindo o prestígio da grafia em nossa sociedade, Possenti[42] aponta três possíveis razões para a associação entre a educação e o domínio da ortografia, a saber:[43]

1. o domínio da língua escrita (e não, por exemplo, o domínio da história e da geografia) é considerado a prova fundamental de escolaridade.
2. circula uma concepção equivocada de saber linguístico. Conforme uma certa ideologia, para que alguém seja considerado inteligente/sábio, é necessário que domine a ortografia (quando se quer caracterizar alguém como "ignorante", um dos recursos é apontar os erros de ortografia que comete). Como consequência, os erros ortográficos são considerados sérias deficiências. Chega-se a supor que os que os cometem têm problemas neurológicos graves.

3. A ortografia é de fato um campo relativamente simples, no sentido de que os problemas podem ser classificados com bastante objetividade. Qualquer um pode saber ortografia ou resolver objetivamente os problemas, já que um dicionário resolve qualquer dúvida. Nesse sentido, é um saber sem sofisticação – depende mais de memória do que de construção. É uma questão de atenção e de prática. Além disso, os problemas se reduzem a poucas alternativas, ou seja, embora haja muitos erros, ocorrem poucos tipos de erros.

Como se pode observar, a razão apontada no item 2 é bastante relevante para explicar o ponto de vista que fundamenta a crítica veiculada pela charge. Trata-se de uma ideologia que associa inteligência a domínio de ortografia: só um jovem "ignorante" trocaria o X pelo CH. Da mesma forma, ao espelhar o R da palavra *provão*, o estudante estaria cometendo um erro grave, que preocupa muitos pais e professores, erro que chega, inclusive, a ser considerado indício de dislexia, de problemas neuropsicomotores. Tal erro seria outra prova da inabilidade do rapaz com a escrita, de sua "incapacidade", portanto.

Assim, o boicote é associado a pessoas pouco inteligentes, aquelas cujas deficiências o provão revelaria. Nessa leitura, são esses alunos, os que têm o que temer, que se recusam a fazer a avaliação. Ressalte-se que a crítica não aparece inscrita na superfície do texto, mas sim sugerida, no nível do implícito. Para construí-la, a proposta de compreensão que oferece ao leitor, o texto exige que este disponha de determinadas informações e mobilize o ponto de vista sobre escrita que apontamos acima, bastante arraigado em nossa sociedade.

Vale lembrar que os espaços vazios são os necessários para que o texto funcione, para a sua eficácia. Se a charge explicitasse a crítica, provavelmente seria rejeitada ou considerada inadequada, grosseira. Trata-se de uma estratégia que procura levar o leitor a inferir um conteúdo implícito, a que é conferido o estatuto de evidência, eximindo o produtor do texto de contestações e avaliações negativas. Observe-se o texto a seguir:[44]

> Não se deixe explorar pela concorrência!
> Compre na nossa loja.

Textos assim formulados, com os quais nos deparamos ocasionalmente, não podem ser considerados bem-escritos, no sentido de produzir os efeitos esperados, devido a seu alto grau de explicitude, isto é, por conta dos poucos espaços vazios que apresentam.

Textos publicitários bem-escritos são aqueles que falam mal do concorrente, mas fazendo um "jogo" entre o dito e o não dito; são textos que dizem sem dizer. Enunciados como "A verdadeira maionese" ou "Aqui você aprende inglês de verdade" expressam de forma implícita a ideia de que os concorrentes não são nada confiáveis. A crítica, por estar "submersa", precisa ser descoberta pelo leitor via inferência, o que permite preservar a "face positiva" do locutor do texto. Esse caráter implícito explica o efeito de adesão, a eficácia do texto.

Retomando Franchi: pode-se dizer que o produtor de textos como os que aparecem no parágrafo anterior soube interpretar de forma adequada o que precisava ficar no nível do implícito, o que deveria apenas ser sugerido para o leitor.

Voltando à charge: para produzir o efeito de adesão, não basta mobilizar a representação sobre o saber linguístico proposta pela charge, mas também identificar-se com a ideologia que fundamenta a crítica. Em outros termos, para concordar com a ideia de que o boicote ao provão é movido por alunos "burros", sendo, portanto, condenável, é preciso aceitar como verdade a ideia de que saber ortografia é sinal de inteligência.

A charge é um gênero que se caracteriza por sua "abertura", isto é, por seu alto grau de implicitude. Em gêneros como esse, o produtor do texto tem um espaço maior para selecionar o que deve ou não aparecer inscrito no texto, as informações e pontos de vista que podem ser "preenchidos" pelo leitor. Trata-se de um "balanceamento" entre aquilo que é necessário/interessante ser explicitado e aquilo que pode ser apagado/sugerido.

## Os vazios nos gêneros literários

Nos gêneros literários, sobretudo na poesia, o espaço para trabalhar o *como dizer* amplia-se de forma significativa. São textos que se caracterizam por permitir diferentes leituras, por sua linguagem sugestiva e polissêmica. Para fazer referência a essa linguagem, Maingueneau[45] propõe o conceito de *interlíngua*. Para o analista, o escritor se vê confrontado não com uma língua, mas com uma interação de línguas e de usos. Em função do campo literário e da posição por ele ocupada nesse campo, o escritor "negocia" através da interlíngua um código de linguagem que lhe é próprio. Por negociar entendemos o agenciamento/seleção de recursos expressivos, um trabalho com a forma, de que decorre o efeito estilístico, o efeito de singularidade.

Nesse sentido, podemos dizer que Drummond, por exemplo, não escreve em português, mas na língua dos modernistas, na língua adequada para enunciar o universo que sua obra instaura. Observe-se o seguinte poema:

---

**Construção**
Um grito pula no ar como foguete.
Vem da paisagem de barro úmido, caliça e andaimes hirtos.
O sol cai sobre as coisas em placa fervendo.
O sorveteiro corta a rua.

E o vento brinca nos bigodes do construtor.

---

Fonte: ANDRADE, Carlos Drummond de. *Poesia e prosa*. Rio de Janeiro, Nova Aguilar, 1988.

Composto de duas estrofes, a primeira com quatro versos e a segunda com apenas um, o poema apresenta uma série de metáforas e metonímias que criam imagens responsáveis pela produção do efeito estético/poético. É com essa linguagem tecida de imagens – a interlíngua – que Drummond escreve "Construção".

Já abrindo o poema, a metonímia *grito* realça o acontecimento, aquilo que ocorre na construção. O operário que despenca do andaime é percebido por um traço particular, o traço que mais impressiona o eu poético, que o atinge de imediato: o grito lançado na queda. Em seguida, aparece o verbo *pular* empregado em sentido metafórico seguido de uma comparação explícita entre *grito* e *foguete*. O poeta associa a queda do operário a algo inusitado, a saber, o salto de um foguete (grito=foguete). Trata-se de uma imagem cuja "montagem" é parcialmente mostrada: embora o elemento que identifique a propriedade comum atribuída a *grito* e *foguete* não apareça (veloz), o elemento de comparação aparece explicitado (o conectivo *como*). Em um único verso, um conjunto de imagens que insere o leitor de imediato na cena e nas sensações que ela provoca.

Nos demais versos, porém, o procedimento é outro: o elemento de comparação está ausente, as imagens se apresentam em "estado bruto". Esse procedimento, que exige mais do leitor no sentido de preencher

132 Professor, leitura e escrita

vazios, contribui para a concisão do poema, para sua redução aos elementos considerados necessários e essenciais para extrair o poético de cenas "prosaicas" que ocorrem no cotidiano de grandes cidades.

Assim, o emprego metafórico dos verbos *cair, cortar* e *brincar* faz com que essas ações, praticadas pelos elementos *sol, sorveteiro* e *vento* (outras metonímias), sejam percebidas de outra maneira, uma forma muito mais viva e contundente de ver/sentir o acidente sofrido pelo operário. São imagens que provocam diferentes sensações, responsáveis por aguçar todos os sentidos. Observe-se a presença de palavras que remetem aos campos visual (*sol*), auditivo (*grito*), táctil (*úmido*) e até olfativo (*caliça*), presença que contribui para retratar uma realidade que invade o eu poético (e o leitor) por inteiro.

Não é necessário dizer que se trata de uma linguagem que faz poucas concessões ao leitor, no sentido de explicitar o que teria motivado as associações e aproximações de que decorrem as imagens e metáforas que compõem o poema. Sobre a imagem e a metáfora, Candido faz a seguinte consideração:[46]

> A mudança de sentido faz da imagem e da metáfora um recurso admirável de reordenação do mundo segundo a lógica poética; mas a metáfora vai mais fundo, graças à transposição, abrindo caminho para uma expressividade mais agressiva, que penetra com força na sensibilidade, impondo-se pela analogia criada arbitrariamente. O arbítrio do poeta depende de condições do meio (como a moda literária) da tradição histórica (que lhe oferece exemplos) e sobretudo da originalidade pessoal (que lhe permite juntar novos significados aos significados existentes). Dizer que a vida é breve como as flores é um lugar comum, de tal modo que seu efeito só pode atuar se o contexto for organizado com originalidade. Mas dizer-se "voltei-me em flor" (Mário de Andrade) é novo, único e mais revelador. [...] A imagem e a metáfora podem ter capacidade reveladora, quando criam uma relação nova, que esclarece o mundo de forma diversa.

Vale observar que mesmo falando em lógica poética e arbítrio, Candido ressalta o caráter relativo desse arbítrio: ele não é independente de fatores como as influências do campo literário, o posicionamento do escritor nesse campo e outros. Não se trata, assim, de inventar outra língua, no sentido de criá-la do nada, mas de agenciar recursos (como a criação de imagens) que possibilitem estabelecer relações e associações inusitadas, atribuir a palavras "comuns" novos e surpreendentes significados (um traço característico da escola do Modernismo, a que se filia o poeta).[47] Por exemplo: o verso que abre o poema "Um grito pula no ar como foguete" não pode ser considerado um enunciado do português, no sentido de ser improvável sua ocorrência em outro domínio que não o da poesia, em especial a drummoniana.

Desvendar a aproximação entre o corpo do operário e seu grito, a relação de contiguidade entre os dois elementos, fica por conta do leitor, cabe a ele preencher esse vazio. Pode-se dizer que esse e outros vazios são um traço da interlíngua que caracteriza o poema. Além desse traço, outro aspecto a destacar são os recursos de que se vale o poeta para mostrar a oposição entre o mundo dos que trabalham nas construções (o mundo do operário) e o mundo daqueles que simplesmente usufruem do trabalho de operários (o mundo do construtor).

Um dos recursos consiste na seleção de verbos que remetem a ações contrastantes. Assim, temos:

**1ª estrofe**
pula, cai, corta
X
**2ª estrofe**
brinca

Os verbos *pular, cair* e *cortar* indicam ações fortes e até mesmo violentas. São essas ações que aparecem vinculadas ao mundo do operário, que incidem (sem trégua!) sobre esse mundo. Vale ressaltar, também, a presença, na primeira estrofe, da forma nominal do verbo *ferver* – *fervendo* – outro verbo com conotação "forte". Observe-se que, embora relate uma cena ocorrida no passado, todos os verbos do poema estão no presente. Trata-se de outro recurso que contribui para dar vida ao relato: as ações são apresentadas "ao vivo", como se estivessem ocorrendo no momento da enunciação (o acontecimento ainda "quente"). A ocorrência de *fervendo* enfatiza o caráter processual do ocorrido na construção.

Em contraste com a carga contundente dos verbos presentes na primeira estrofe, aparece, na estrofe seguinte, no único verso que a compõe, o verbo *brincar*, que remete a uma ação suave e até mesmo prazerosa.

134 Professor, leitura e escrita

Trata-se de uma ação que, vinculada ao mundo do construtor, aponta para a distância entre este e o mundo do operário, para o fato de o último ser marcado pelo sofrimento e o do construtor pela ausência deste, pelo descaso em relação ao outro. Para melhor ressaltar esse contraste, nada melhor que isolar o verso, deixá-lo sozinho, enfatizando, assim, a falta de solidariedade, a indiferença (um mundo incapaz de ouvir os gritos daqueles que dele não fazem parte). Ressalte-se que o conectivo **E** que inicia o verso indica a simultaneidade das ações: enquanto o operário sofre, o construtor é acariciado pelo vento.

Vê-se, assim, que para receber o poema como uma crítica à falta de solidariedade, como sendo um exemplo da poesia "choque social" drummoniana, o leitor precisa "desdobrar" uma série de informações/críticas, superar a "reticência" do texto. É importante ressaltar que os gêneros literários, em geral, caracterizam-se por seu alto grau de implicitude, o que equivale dizer que supõem leitores que participem ativamente da produção de sentidos. Nas palavras de Maingueneau:[48]

> Se o texto exige dessa maneira um trabalho do leitor, não é somente por uma economia de meios necessária, mas também porque o estatuto estético da obra literária requer que o destinatário contribua para elaborar sua significação e não se contente em descobrir uma significação que estaria *nele*.

Desse modo, o texto literário, devido a seu caráter aberto, supõe leitores bem diferentes daqueles previstos por outros gêneros. O poema de Drummond é bem-escrito porque, entre outras coisas, prevê um leitor capaz de compreender seu "código de linguagem", a linguagem com a qual o texto foi tecido. Em outras palavras: um texto pode ser considerado bem-escrito quando supõe por leitores aqueles previstos pelo gênero no qual é produzido.

## Vazios inadequados: um exemplo

Quando não se interpreta adequadamente o que deve ser explicitado na superfície textual, o texto produzido apresenta lacunas que comprometem sua proposta de compreensão, tanto no que diz respeito a sua legibilidade como no de não produzir os efeitos pretendidos. Como dissemos, dependendo do gênero de discurso, do leitor por ele implicado, o texto pode apresentar mais ou menos informações/ideias no nível do implícito. Gêneros como a resenha, por exemplo, demandam que uma série de informações e indicações apareçam explicitadas/mostradas na superfície textual a fim de que o texto fique adequado ao objetivo a que se propõe.

Observe-se a seguinte resenha, produzida por um aluno:

O que se ensina quando se ensina a ler e escrever?
Ensina-se, mesmo a ler e escrever?
Autora: Maria Laura T. M. Sabinson
Pressuposições :
é possível ensinar a ler e escrever
alguém sabe algo e ensina, ou propõe a ensinar, a alguém que nada sabe
discrepância entre o objetivo proposto e o resultado obtido.

Assim na escola, o professor sabe ler e escrever, pressupõe ensinar aos alunos, que não sabem. Resultado: pode acabar ensinando alguma coisa, obtendo o ensino.
A tarefa de ensinar tem apresentado fracassos, terminando por excluir as pessoas do processo de leitura e escrita.
Concepção de letramento proposta por Magda Soares: contrapõe aprender a ler e escrever a exercer a leitura e a escrita, com práticas sociais.
Ler e escrever são atividades tipicamente humanas, que envolvem linguagem em sua modalidade escrita.
Linguagem quer oral, escrita, gestual é lugar de interlocução. É na interlocução que surge e constitui a língua, que os indivíduos se constituem em sujeitos / locutores / interlocutores em contraposição aos sujeitos / interlocutores / locutores.
Assim como linguagem oral não é ensinada para crianças pequenas, surge na interação da criança com outros usuários, o importante seria garantir à crianças maiores o direito de participar de práticas sociais da leitura e escrita e viver o letramento variado aprendizado de escrita.
O papel do professor – seria o constitutivo da linguagem, de interlocutor da criança nas práticas sociais de leitura e escrita.
Professor precisa despertar / provocar paixão nos seus alunos, independente de métodos, recursos didáticos e materiais de trabalho. Mas, ele só pode despertar paixão, se sente e mostra paixão. E isso se faz na interlocução com o outro, que, sendo um acontecimento, pode ter resultados inesperados.

A resenha (e também o resumo) é um gênero com o qual os alunos se deparam frequentemente em sua vida escolar. Não só como leitores, mas também como resenhistas, posição que exige, além de uma leitura compreensiva, habilidades no manejo de recursos próprios à composição de textos nesse gênero. O problema é que geralmente cobra-se do aluno um conhecimento que ele não tem, uma vez que a escola não costuma ensinar como se produzem resenhas/resumos (e tantos outros gêneros); as práticas de escrita em sala de aula são bastante reduzidas – preferem-se os exercícios!

A resenha acima comprova o que estamos dizendo. Com exceção da abertura, que apresenta algumas informações sobre o texto-fonte, o texto não se configura como uma resenha, isto é, não foi produzido de acordo com as coerções desse gênero. Mesmo na abertura faltam dados cruciais para situar o texto resenhado: trata-se de um livro? de um artigo? se sim, onde foi veiculado?

No entanto, a ausência dessas informações não é a grande lacuna do texto. Isso porque um dos traços característicos do gênero resenha é a presença "mostrada" de duas vozes na superfície textual, a saber, a voz do resenhista e aquela do autor do texto-fonte. Essas vozes precisam estar perfeitamente demarcadas para que o leitor saiba quando atribuir a responsabilidade pelos enunciados a um ou a outro. Como se pode observar, isso não ocorre no texto do aluno: trata-se de um único "bloco", no qual é impossível perceber o que foi dito pela autora do texto-fonte e o que é dito pelo resenhista.

O que seriam as pressuposições que aparecem no início da resenha? As assumidas pela autora do texto-fonte? Da forma como são colocadas, sem qualquer explicação ou indicação, obrigam o leitor a fazer inferências no sentido de "desvendar" a relação entre elas e o que será apresentado no restante do texto, inferências que não cabem na leitura de um texto como esse. Embora o enunciado seguinte inicie-se pelo conector *assim* ("Assim na escola, o professor sabe ler e escrever, pressupõe ensinar aos alunos, que não sabem"), que serve para introduzir uma sequência que exemplifica e complementa enunciados anteriores, ele não expande ou mesmo explica os itens elencados previamente.

A ausência de progressão e encadeamento continua nos trechos posteriores, o que leva o leitor a concluir que se trata de um texto-colagem: o aluno apenas copia fragmentos do texto original. Dessa forma, ao assumir como suas as palavras da autora, e da forma como o faz, o aluno produz um texto que pouco se assemelha a uma resenha.

Na primeira parte deste livro discutimos fenômenos de heterogeneidade mostrada, como o discurso relatado. Como vimos, diferentes recursos podem ser agenciados para marcar a presença de outra voz, além da voz do locutor do texto, na superfície textual: verbos *dicendi*, dois pontos, aspas etc. Quando se trata do gênero resenha, um recurso bastante empregado para representar a enunciação citada (a voz do autor do texto-fonte) é a *modalização em discurso segundo*. Para Maingueneau:[49]

> Existe, todavia, um modo mais simples e mais discreto [além do discurso relatado] para um enunciador indicar que não é responsável por um enunciado – basta indicar que está se apoiando em outro discurso: fala-se então de modalização em discurso segundo:
> *Segundo X*, a França prepara uma represália...
> A França, *segundo fontes bem informadas*, prepara uma represália...
> A França, *parece*, prepara uma represália...
> A França *prepararia* uma represália...

Vale ressaltar que existem outros recursos que indicam que o resenhista está se apoiando em um outro discurso, como o emprego das aspas. Nenhum dos recursos apontados aparece no texto do aluno, o que compromete de forma significativa o propósito comunicativo do gênero, qual seja, o de apresentar e comentar/analisar os pontos de vista defendidos pela autora do texto-fonte. A ausência desses recursos perturba a coerência do texto: trata-se de vazios não autorizados pelo gênero resenha.

Observemos agora a seguinte resenha:

---

**Filósofo italiano trata da exceção como regra**

"Terra de ninguém", "zona incerta", "zona de indeterminação", "conceito-limite da ordem jurídica", o estado de exceção tende, cada vez mais, a constituir o paradigma dominante de governo na política contemporânea. É o que defende o filósofo italiano Giorgio Agamben em seu último livro, *Estado de exceção*, publicado recentemente no Brasil. Este seria o "Homo sacer II", volume que dá sequência às reflexões feitas em *Homo Sacer – O poder soberano e a vida nua I* (Editora da UFMG, 2002), sobre o campo de concentração como paradigma biopolítico moderno. O ponto de partida para a retomada da discussão são as leis promulgadas nos Estados Unidos em 2001 para combater o terrorismo, por meio das quais a política revela o que seria sua estrutura originária: o banimento – que reduz o homem à sua condição animal, desprovida de direitos – e as medidas excepcionais e provisórias, tomadas em situações de "necessidade" ou de "emergência". A partir de então, Agamben adverte, a exceção pode estar se tornando regra.

Ele descreve a base norte-americana da baía de Guantánamo, em Cuba, como "vida nua em sua máxima indeterminação": mais de 500 "detentos" (detainees), em sua maioria talibãs – muçulmanos de posições extremadas –, sofrem abusos, inclusive sexuais. Ficam sujeitos à vigilância militar permanente, passam grande parte do tempo encapuzados, de mãos atadas, aguardando o chamado para depor diante das comissões (e não tribunais) militares. É-lhes vedada qualquer defesa legal. Sem direito ao estatuto de "acusado", segundo as leis norte-americanas, sem direito a tratamento como "prisioneiros de guerra", segundo a Convenção de Genebra, seus destinos cabem às mais altas instâncias do governo dos EUA.

A detenção de que são objeto é indeterminada quanto ao tempo e também quanto à própria natureza — "totalmente fora da lei e do controle judiciário". Só haveria uma comparação possível: a situação dos judeus nos campos de concentração nazistas.

Afinal, o Terceiro Reich pode ser considerado, juridicamente, um estado de exceção que durou 12 anos.

Mas o estado de exceção não é uma invenção moderna. Agamben busca no *iustitium* do direito romano a referência originária para essa inclusão de algo que, de certa forma, lhe escapa e não pode ter forma jurídica. E contrapõe as ideias de Carl Schmitt, um dos juristas do Terceiro Reich, às de Walter Benjamin, da Escola de Frankfurt, sobre o estado de exceção, para o qual o italiano reclama a necessidade de uma teoria. A epígrafe do livro provoca os juristas, perguntando: "Por que silenciais diante de uma questão que lhes diz respeito?".

Para o pensador italiano, o novo paradigma sob a ordem militar instaurada pela guerra ao terrorismo tem um claro significado biopolítico: revela o dispositivo original graças ao qual o direito se refere à vida e a inclui, por meio de sua suspensão. Agamben não é um autor facilmente digerível, tampouco o é o tema que ele se propõe a analisar, mas o livro é de grande interesse para diversas discussões atuais. Foi publicado na Itália em 2003, pela Editora Bollati Boringhieri, e faz parte da coleção Estado de Sítio da Boitempo Editorial.

Fonte: Revista *Ciência e Cultura*. São Paulo, jan./mar. 2006.

Ao contrário da resenha anterior, a apresentada acima é construída de acordo com as coerções do gênero resenha. Logo em sua abertura, várias expressões aparecem aspeadas, sinalizando para o leitor a separação entre a voz do resenhista e a voz do autor do texto-fonte. O enunciado posterior às expressões reitera a demarcação entre as duas vozes, uma vez que se inicia por "é o que defende o filósofo italiano Giorgio Agamben", início que destaca ser o filósofo (e não o resenhista) o responsável por aquilo que é dito.

Por meio das aspas a heterogeneidade é mostrada e marcada em outros trechos da resenha. No segundo parágrafo, por exemplo, o trecho aspeado "vida nua em sua máxima indeterminação" retoma a expressão usada pelo filósofo italiano para designar ("descrever") a ilha de Guantánamo, reforçando, mais uma vez, a separação de vozes. Já em outros trechos, a demarcação é marcada por outros recursos, como pela expressão que abre o último parágrafo, "para o pensador italiano", uma ocorrência de modalização em discurso segundo, que aponta a dissociação de vozes, remetendo o ponto de vista veiculado a um "outro".

No caso da ocorrência de formas verbais no futuro do pretérito, é importante observar que tais formas, assim como os recursos apontados anteriormente, contribuem para separar as vozes presentes no texto, eximindo, assim, o resenhista da responsabilidade do dizer. Observem-se os trechos:

> [...] por meio das quais a política revela o que **seria** sua estrutura originária: o banimento — que reduz o homem à sua condição animal, desprovida de direitos — [...]

> Só **haveria** uma comparação possível: a situação dos judeus nos campos de concentração nazistas.

O emprego dos verbos no futuro do pretérito sinaliza que o enunciador-resenhista mantém distância em relação ao que enuncia, no sentido de que não assume como seu o ponto de vista veiculado pelo filósofo italiano, a saber, a ideia de que a situação em Guantánamo é comparável à situação dos judeus nos campos de concentração (segundo trecho). Ressalte-se que esse procedimento não é adotado em outros trechos da resenha, como se pode observar no que aparece a seguir:

> Afinal, o Terceiro Reich **pode ser considerado**, juridicamente, um estado de exceção que durou 12 anos.

No trecho, não fica claro se o *afinal* que inicia o enunciado introduz a justificativa do que aparece no parágrafo anterior, a comparação feita pelo filósofo, ou se introduz uma justificativa do próprio resenhista para essa comparação. O sintagma verbal no tempo presente ("pode ser considerado") corrobora a segunda interpretação, isto é, indica que o resenhista se aproxima do ponto de vista do autor do texto-fonte.

Assim, a voz do resenhista se confunde com a voz do filósofo italiano, desloca-se em direção a esta última. Mas, ao contrário da resenha apresentada anteriormente, trata-se de aderir a um ponto de vista e não simplesmente transcrevê-lo sob a forma de cópia.

Como se pode observar, o autor da resenha seleciona o que deve demarcar de forma mais evidente, separando sua voz da voz do filósofo, e aquilo que pode deixar para o leitor "descobrir", um vazio que não prejudica a legibilidade ou a coerência do texto. Ao contrário, trata-se de um balanceamento bastante produtivo se levarmos em conta que o texto é escrito na terceira pessoa, o que não constitui, ressalte-se, uma coerção do gênero resenha. Isso porque o estilo desse gênero não é "rígido", mas permeável a manifestações individuais, como a explicitação da instância enunciativa (o que não ocorre na resenha apresentada) e de outras marcas de subjetividade, como valorações sobre o texto resenhado. Nesse sentido, assumir de forma explícita que partilha do ponto de vista defendido pelo autor do texto-fonte comprometeria a produção do efeito de objetividade, assim como a construção de um *ethos* distante e moderado, bem de acordo com a revista na qual é veiculada a resenha, uma revista destinada a pesquisadores.

Concluindo: no texto se fazem presentes recursos expressivos adequados ao gênero resenha, seu *modo de dizer* é compatível com esse gênero. Ao atender às previsões genéricas, o texto cumpre sua finalidade, o propósito comunicativo de procurar situar o leitor em relação à obra apresentada, despertando ou não seu interesse por ela. Assim fazendo, o resenhista não corre o risco de ter seu texto rejeitado ou mesmo de sua resenha ser avaliada de forma negativa.

Voltando à resenha do aluno: o que explicaria a produção de um texto que em nada lembra o gênero resenha? Se pensarmos como a escrita costuma ser trabalhada na escola, a saber, de uma forma artificial, bem distante das práticas de escrita tal como ocorrem no mundo *real*, o texto revela bem em que condições foi produzido, sem levar em conta a situação de produção e circulação do gênero resenha, sua função social, seus interlocutores privilegiados. Essa não consideração explica a produção de "redações", de textos que não circulariam fora da escola por conta de seu caráter artificial. Neles, quem escreve é a "função-aluno" para uma "função-professor" e não o aluno para o leitor do gênero resenha ou mesmo para o leitor-professor, um interlocutor que concorda, discorda, questiona, sugere etc., "assumindo", dessa forma, o papel de leitor do gênero resenha.

## A seleção de argumentos (antecipar e rebater possíveis objeções)

Por seu caráter dialógico, a linguagem é o lugar de interação com o outro, lugar de encontro de pontos de vista diferentes e, muitas vezes, antagônicos. No "jogo da linguagem" procura-se sempre atuar sobre o outro, provocar determinadas reações, fazer crer. Isso significa dizer que a *linguagem em uso* é constitutivamente argumentativa, não existem enunciados (gêneros) sobre os quais não incidam acentos apreciativos. No entanto, há aqueles cujo estilo se caracteriza pela presença mais acentuada de recursos linguísticos que indicam/sugerem determinada orientação argumentativa, recursos que revelam a "atitude responsiva" do texto.

Por um longo tempo (ainda?), a escola privilegiou, no ensino da escrita via livro didático, três tipos de texto a que rotulou de gêneros – a *narração*, a *descrição* e a *dissertação*. Tal tipologia é problemática não apenas por confundir gêneros com sequências textuais,[50] mas por ser responsável pelo aparecimento de um gênero restrito ao contexto escolar – a redação ou a dissertação, o "gênero" que a escola elegeu como objeto de ensino nas aulas de Língua Portuguesa.

Ao estabelecer que o trabalho com diferentes gêneros textuais deve fundamentar o ensino da língua materna, os Parâmetros Curriculares Nacionais (PCNs) provocaram uma série de alterações nos materiais didáticos, como a inclusão de textos de diversos gêneros, embora nem sempre acompanhados de atividades que explorem de forma adequada

142 Professor, leitura e escrita

seus contextos de produção e recepção. Ressalte-se que, em muitos casos, embora apareçam textos de diferentes gêneros, ainda são frequentes propostas de escrita de descrições, narrações e dissertações nos moldes tradicionais.

Isso significa que a escola continua não desenvolvendo habilidades que levem à formação da competência textual dos alunos, o que nos gêneros de cunho marcadamente argumentativo (a carta, o ensaio, o artigo etc.) implica ter condições de selecionar argumentos e contra-argumentos, antecipar possíveis objeções e refutá-las, assim como agenciar recursos adequados para conferir ao texto determinada orientação argumentativa. Em outras palavras: a escola não leva o aluno a interpretar adequadamente as condições de produção de seu discurso, retomando Franchi.

No que diz respeito aos recursos que podem ser mobilizados para construir textos da ordem do argumentar, sua seleção é condicionada por elementos ligados a seu contexto de produção, como o tema a ser discutido e o leitor pretendido pelo texto. O caráter polêmico do tema, por exemplo, pode explicar a seleção de contra-argumentos. Isso porque questões que provocam reações apaixonadas, que geram controvérsia, demandam uma argumentação que contemple estratégias de refutação de possíveis objeções. Observemos o seguinte texto:

> Embora a produção da bomba atômica seja sempre lembrada como exemplo da ciência a serviço da destruição, há outro igualmente relevante: o desenvolvimento das teorias eugênicas e seu aproveitamento por movimentos raciais, culminando no Holocausto nazista na Segunda Guerra Mundial. A maioria dos geneticistas do século XXI, quando a genética é assunto rotineiro na mídia, pouco ou nada sabe sobre a história da eugenia. Conhecê-la, porém, é fundamental em face de situações concretas da atualidade, como fertilização *in vitro*, diagnósticos pré-natal e pré-implantação, aborto terapêutico e clonagem reprodutiva. Em vista das preocupações sobre a emergência de uma nova eugenia, é importante rever o passado e aprender com os erros cometidos.

Fonte: Guerra, Andréa. Revista *Ciência e Cultura*, jan. 2006.

Para rebater a ideia de que uma discussão sobre a história da eugenia não seria relevante, a autora do texto contra-argumenta, afirmando ser fundamental conhecê-la em face de "situações concretas da atualidade", contexto propício para a emergência de uma nova eugenia.

A decisão de apresentar contra-argumentos logo na abertura do texto parece decorrer do caráter complexo e polêmico do tema a ser discutido. Nesse caso, antecipam-se objeções mais contundentes, que precisam ser desconstruídas desde o início da argumentação. Observe-se que o ponto de vista segundo o qual não é necessário conhecer a história da eugenia não aparece explicitado, mas pressuposto pelo operador argumentativo *porém*, que indicia a voz contrária ao argumento que defenderia tal ideia.

Manter a objeção no nível do implícito ou explicitá-la (e como fazê-lo) também é uma decisão que deve ser tomada com base na interpretação sobre as condições de produção do texto, uma decisão condicionada pelo gênero em que o texto é produzido. Para melhor discutir essa questão, observemos o texto que segue:

> Fumar em espaços fechados é um atentado à saúde de quem está por perto. Permitir que fumantes dispersem partículas tóxicas no ar que outras pessoas respiram é próprio de países que desprezam a vida humana. Antes que você, leitor, diga que sou moralista e preconceituoso, apresso-me em confessar que fui dependente de nicotina por 19 malfadados anos, durante os quais fumei em ambientes com mulheres grávidas, crianças e senhoras de idade. Se remorso matasse, não estaria aqui este que vos escreve. A meu favor, posso alegar apenas a ignorância em que éramos mantidos naquele tempo: não sabíamos quanto o cigarro nos prejudicava nem fazíamos ideia dos malefícios causados a terceiros.

Fonte: Varela, Dráuzio. Fumantes Passivos. *Folha de S. Paulo*, 30 ago. 2008.

Trata-se do início de um texto publicado no jornal *Folha de S. Paulo,* assinado pelo médico Dráuzio Varella, gênero coluna de opinião. Nesse espaço, o especialista procura discutir temas ligados à área da saúde, tornando-os acessíveis a um público mais "leigo", propósito comunicativo semelhante ao texto anterior, pertencente ao gênero artigo científico. No entanto, ao contrário deste último, supõe por leitores pessoas afastadas da comunidade científica, o que implica diferenças no *como dizer* dos textos e também no *tom* em que os argumentos/ideias são enunciados.

A carga impactante e assertiva do início do texto (dois primeiros enunciados) é em seguida mitigada pelas considerações apresentadas pelo locutor que, antecipando o efeito de desconforto e até mesmo de rejeição que os enunciados provocariam, "apressa-se" em afastar críticas que o taxariam de reacionário ou de moralista. O argumento contrário, aquele que considera a proibição do cigarro em lugares públicos uma ideia proveniente de reacionários, é explicitado e ao mesmo tempo rebatido. A estratégia adotada para explicitar a refutação é a de simular um diálogo com o leitor, o locutor fala da perspectiva desse último. O recurso provoca não só o abrandamento do possível efeito de crítica como produz o efeito de aproximação: a relação intersubjetiva ganha espaço, o leitor é envolvido na trama argumentativa tecida pelo texto.

Na contra-argumentação, outra estratégia produtiva: o locutor faz um *mea culpa*, assume que foi dependente de nicotina por muito tempo e também que prejudicou aqueles (incluindo crianças e mulheres grávidas) que tiveram a infelicidade de frequentar os mesmos ambientes que ele. Esboça, assim, um perfil bem próximo ao do leitor a ser atingido, a saber, o que não considera um "atentado à saúde" fumar em locais públicos, interlocutor que precisa ser convencido a "mudar de lado".

No entanto, a estratégia de concordância é apenas aparente. No parágrafo seguinte, o locutor exime-se de uma responsabilidade maior, mas não se mostra igualmente compreensivo em relação ao leitor visado. Isso porque ao afirmar que "não sabíamos quanto o cigarro nos prejudicava nem fazíamos ideia dos malefícios causados a terceiros" implicita a ideia de que não é esse o caso do leitor, já que este não vive na ignorância, a ciência avançou desde então. Trata-se de um *nós* exclusivo que não abarca o interlocutor (*você*).

É, assim, evidente a diferença na construção dos contra-argumentos. No artigo da revista, a refutação não é explicitada, mas mesmo se o fosse, não seria por meio de estratégias como as mobilizadas na produção da coluna do médico. Isso se deve às coerções do gênero artigo científico cujo estilo impõe um modo de dizer mais de acordo com o modo de dizer da comunidade dos cientistas, o esperado pelo leitor da revista. Enunciados como "eu também já acreditei que discutir a história da eugenia era desnecessário" dificilmente apareceriam em textos produzidos nesse gênero. Nesse sentido, simular a situação interlocutiva a fim de rebater possíveis contra-argumentos não seria uma estratégia adequada para a autora do artigo sobre a eugenia mobilizar.

Da mesma forma, o tom do enunciador deve estar de acordo com a cena genérica, o que implica dizer que a cena genérica do artigo científico demanda um tom sóbrio e distanciado, bem diferente daquele que se pode apreender do texto de Dráuzio Varella, a saber, um tom incisivo e acalorado, de um sujeito envolvido e engajado na discussão.

É importante ressaltar que a ausência de contra-argumentação não torna o texto menos eficaz ou produtivo. Há casos em que o produtor do texto interpreta como mais adequado apenas apresentar argumentos que sustentem o ponto de vista defendido. Essa estratégia não se traduz necessariamente em um texto deficiente ou mal-escrito. Vejamos a seguinte proposta de dissertação e um dos textos selecionados pela Fuvest como exemplo das melhores redações produzidas.[51]

## REDAÇÃO

Considere a foto e os textos abaixo:

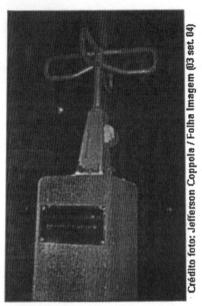

Crédito foto: Jefferson Coppola / Folha Imagem (03 set. 04)

### "Catraca invisível" ocupa lugar de estátua

Sem que ninguém saiba como – e muito menos o por quê – uma catraca enferrujada foi colocada em cima de um pedestal no largo do Arouche (centro de São Paulo). É o "monumento à catraca invisível", informa uma placa preta com moldura e letras douradas, colocada abaixo do objeto, onde ainda se lê: "Programa para a descatracalização da vida, Julho de 2004". (Foto ao lado)

(Adaptado de *Folha de S. Paulo*, 04 de setembro de 2004)

[Catraca = *borboleta*: dispositivo geralmente formado por três ou quatro barras ou alças giratórias, que impede a passagem de mais de uma pessoa de cada vez, instalado na entrada e/ou saída de ônibus, estações, estádios etc. para ordenar e controlar o movimento de pessoas, contá-las etc.]

### Grupo assume autoria da "catraca invisível"

Um grupo artístico chamado "Contra Filé" assumiu a responsabilidade pela colocação de uma catraca enferrujada no largo do Arouche (região central).

A intervenção elevou a catraca ao *status* de monumento "à descatracalização da vida" e fez parte de um programa apresentado no Sesc da Avenida Paulista, paralelamente ao Fórum das Cidades.

No site do Sesc, o grupo afirma que a catraca representa um objeto de controle "biopolítico" do capital e do governo sobre os cidadãos.

(Adaptado de *Folha de S. Paulo*, 09 de setembro de 2004)

Em *site* sobre o assunto, assim foi explicado o projeto do grupo "Contra Filé":

"O 'Contra Filé' desenvolveu o PROGRAMA PARA A DESCATRACALIZAÇÃO DA PRÓPRIA VIDA. A catraca representa um signo revelador do controle biopolítico, através de forças visíveis e/ou invisíveis. Por quantas catracas passamos diariamente? Por quantas não passamos, apesar de termos a sensação de passar?"
(http://lists.indymedia.org/pipemail/cmi-brasil-video/2004-july/0726-ct.html)

---

INSTRUÇÃO. Como você pôde verificar, observando o noticiário da imprensa e o texto da Internet aqui reproduzidos, a catraca que "apareceu" em uma praça de São Paulo era, na verdade, um "Monumento à catraca invisível", ali instalado pelo grupo artístico "Contra Filé", como parte de seu "Programa para a descatracalização da vida". Tudo indica, portanto, que o grupo responsável por este programa acredita que há um excesso de controles, dos mais variados tipos, que se exercem sobre os corpos e as mentes das pessoas, submetendo-as a constantes limitações e constrangimentos. Tendo em vista as motivações do grupo, você julga que o programa por ele desenvolvido se justifica? Considerando essa questão, além de outras que você ache pertinentes, redija uma DISSERTAÇÃO EM PROSA, argumentando de modo a apresentar seu ponto de vista sobre o assunto.

# Autofagia

A imagem de uma catraca velha e enferrujada, elevada ao status de monumento em pleno centro de São Paulo, mostra o poder de metáfora da arte representada em forma de manifesto estético. Como se não bastasse a própria catraca, que, aos olhos mais críticos, fala por si, ainda há os dizeres "monumento à catraca invisível". Abaixo, a metáfora expressa em sua intenção: "Programa para a descatracalização da vida". Que catracas velhas e enferrujadas, visíveis ou invisíveis, temos que ultrapassar para continuarmos vivendo inseridos e aceitos socialmente? Por que precisamos delas? Por que não passamos por cima delas? Tais questionamentos, se levados a um número grande de pessoas, principalmente aos que enfrentam as inúmeras catracas diárias da vida, justificam o programa desenvolvido pelo grupo "Contra Filé".

O nome faz pensar em gado, ou, pelo menos, em uma parte aproveitável do gado abatido, o que também remete à "Vida de Gado", outra metáfora inteligente cantada pelo músico Zé Ramalho, no hino ao povo submisso e controlado: "Admirável Gado Novo". Esse povo, assim como o gado tangido, obrigado a fazer um caminho que não escolheu, contado e conduzido a porteiras e passagens, que o direcionam, senão ao abate, à engorda, cujo fim é o abate. Para onde somos conduzidos ao transpormos as catracas da vida?

Precisamos trabalhar porque nosso trabalho nos alimenta. No entanto, este traz aos donos dos meios de produção um bem muito maior, que vale muito mais que o nosso alimento que daí temos e muito menos que o suor que despendemos. Se é assim, se somos explorados em massa, se a nossa vida é um caminho cheio de porteiras (catracas) que nos levam da engorda (vida contemplativa e sem propósito) ao abate (final de nossa produtividade), por que continuamos a nos submeter? Somos humanos, não bois. Pensamos e racionalizamos (no entanto) Porém, permanecemos na mesma condição: silenciosos e resignados.

A campanha ilustrada pela catraca deve ter o papel de instigar o povo a romper as cercas e porteiras que o confinam, passar por cima das catracas, fazer caminhos alternativos, seguir o caminho (dos velhos) dos sonhos e não o da obrigação, para não deixar que "a vida coma a vida". O que se espera de uma campanha como essa é que ela incite o povo a "devorar" a vida e não ser devorado por ela, recusando ser o sujeito paciente de sua história. Se não for assim, o programa não tem justificativa e a catraca monumental tornar-se-á mais um signo enferrujado de uma arte excêntrica e fadada ao esquecimento.

148 Professor, leitura e escrita

Sabe-se que os critérios usados para avaliar redações de exames vestibulares, principalmente os que dão acesso a grandes universidades, levam em conta, dentre outros aspectos, a leitura da coletânea apresentada, a abordagem do tema e outros como a coesão, a coerência e o emprego da variedade culta da língua.

No que diz respeito à leitura da coletânea, pode-se dizer que a aluna não teve dificuldades em perceber a carga simbólica da catraca, empregada como metáfora dos tantos entraves com que se deparam os cidadãos em seu dia a dia. Embora possa parecer que não haveria problemas em estabelecer a analogia entre catraca e "amarras invisíveis", uma vez que o texto veiculado pelo Grupo Contra Filé afirma ser a catraca um "signo revelador do controle biopolítico através de forças visíveis e/ou invisíveis", sabe-se que a proposta da redação não foi bem-recebida pelos vestibulandos (ou professores de cursinhos?), que a consideraram "muito difícil".

Para discutir o tema, a aluna optou por apoiar a iniciativa do grupo atribuindo à catraca sentidos altamente negativos, defendendo, inclusive, sua extinção. Depois de situar o leitor na discussão, relatando o episódio do aparecimento da catraca, assume, já no primeiro parágrafo do texto, o ponto de vista favorável. A assunção é feita após elencar uma série de perguntas retóricas, que têm a função de "convocar" o leitor para participar da discussão, uma vez que ele, também, da forma que é delineado pelo texto, sofre os efeitos das catracas. Observe-se o trecho:

> Que catracas velhas e enferrujadas, visíveis ou invisíveis, temos que ultrapassar para continuarmos vivendo inseridos e aceitos socialmente? Por que precisamos delas? Por que não passamos por cima delas? Tais questionamentos, se levados a um número grande de pessoas, principalmente aos que enfrentam as inúmeras catracas diárias da vida, justificam o programa desenvolvido pelo grupo "Contra Filé".

É a partir desse quadro, que é dado como partilhado pelo interlocutor, que o texto é construído. O ponto de vista segundo o qual uma sociedade sem catracas seria impossível não é sequer sugerido, o que explica a ausência de contra-argumentos nesse sentido. Se outra tivesse sido a interpretação/avaliação sobre a figura do leitor a ser atingido, como a de que este consideraria ingênuo defender a eliminação das catracas, ou não aceitaria a defesa da iniciativa do grupo "Contra Filé", mobilizar-se-iam outras estratégias para construir a redação. Observe-se o seguinte trecho de outra redação selecionada:

> A julgar pelo monumento, o programa parece, apesar das boas intenções, passar longe de uma solução para os problemas que expõe.
>
> É difícil conceber a vida grande-urbana sem que haja diferenças sociais. Mais difícil ainda imaginá-la sem a presença de poderes econômicos e políticos – ainda que se questione a quem eles são conferidos. A "descatracalização da vida", no âmbito social, pareceria apontar para a extinção desses poderes, mas eles sempre se reconstituem, como a História humana prova. E são sempre mais ferozes e injustos quanto maior a massa dominada.
>
> Porém o Programa do Contra Filé acerta num ponto, que é a conscientização universal. A solução para os problemas do Brasil e do mundo tem que passar pela libertação dos grilhões da ignorância intelectual e cultural. O autoconhecimento e a consciência de si e do mundo é a grande revolução que pode realmente sanar o mundo. Resta-nos unir esforços para que, no esforço de se "descatracalizar", o povo se autodescubra e, um dia, se desagrilhoe.

O trecho apresentado acima, ao contrário da redação anterior, implica um leitor reticente em relação ao movimento da "descatracalização da vida", que não se envolveria em uma argumentação "acalorada" na defesa do movimento de extinção das catracas. A antecipação de um leitor com esse perfil explica a presença de enunciados que poderiam funcionar como argumentos no sentido de condenar a iniciativa do grupo "Contra Filé". Assim, logo no início do trecho, o enunciador concorda parcialmente com a ideia de que o programa seria inócuo – "o programa **parece**, apesar das boas intenções, passar longe de uma solução para os problemas que expõe" (grifo adicionado), veiculando um enunciado que incorpora uma objeção possível de ser feita pelo leitor selecionado (e delineado) pelo texto.

No trecho seguinte, apresentam-se outros argumentos que poderiam levar à conclusão de que a iniciativa do Grupo não se justifica, argumentos que, ao contrário dos presentes na redação anterior, são apresentados de forma "neutra", como se o enunciador analisasse objetivamente o problema exposto, como se avaliasse os prós e contras da questão. Produz-se, assim, o efeito de objetividade, crucial se se quer convencer o leitor selecionado (e também ganhar sua confiança). Observe-se a diferença:

150 Professor, leitura e escrita

É difícil conceber a vida grande-urbana sem que haja diferenças sociais. Mais difícil ainda imaginá-la sem a presença de poderes econômicos e políticos – ainda que se questione a quem eles são conferidos.

O emprego da forma verbal no futuro do pretérito, a "'descatracaliza-ção da vida', no âmbito social, **pareceria** apontar para a extinção desses poderes", permite que o enunciador mantenha distância em relação à ideia veiculada pelo enunciado, ideia que será rejeitada logo em seguida (não há como eliminar os poderes econômicos e políticos, eles sempre se reconstituem). No entanto, mesmo fazendo todas essas considerações, que funcionam como concessões a um leitor mais "racional e objetivo", a iniciativa do grupo não é condenada, mas, ao contrário, defendida.

O operador argumentativo *porém*, que abre o último parágrafo da redação, assinala o argumento mais forte, oposto àquele que levaria à conclusão de que o movimento pela "descatracalização da vida" é ingênuo e indefensável (a conclusão sugerida pelos argumentos presentes nos tre-chos anteriores). Defende-se, assim, a relevância do movimento pelo efeito que pode provocar – a "conscientização universal" – recorte selecionado levando em conta o que atingiria o leitor, o que provocaria sua adesão.

Ressalte-se o distanciamento do enunciador e de seu outro-leitor (o *nós* inclusivo presente em *resta-nos*) em relação aos que precisam ser contemplados pelo programa de "descatracalização da vida", a saber, o "povo" (que deve se "auto-descobrir" e se "desagrilhoar"). Esse distan-ciamento está de acordo com as estratégias selecionadas para construir a argumentação, com o leitor selecionado (não envolvido diretamente no problema), um leitor que só daria ouvidos a um enunciador ponderado, que avalia bastante, pesa argumentos antes de dizer o que tem a dizer.

Na redação da aluna, não se atribuem os mesmos sentidos a "povo". Este subsume tanto o enunciador como o interlocutor, este último, nessa altura do texto, já convencido da necessidade de quebrar as "amarras invisíveis" que atingem a ambos. Tais amarras não seriam os "grilhões" da ignorância intelectual e cultural a que se refere o segundo texto, mas sim as decorrentes do abuso do poder político e econômico. Vejamos os trechos:

Para onde **somos** conduzidos ao **transpormos** as catracas da vida? [...] por que **continuamos** a **nos** submeter?

Observe-se a escolha da primeira pessoa do plural para conduzir/apresentar os argumentos, um *nós* inclusivo (eu+interlocutor) que permite produzir o efeito de proximidade. No segundo parágrafo, ao dialogar com o texto do músico Zé Ramalho a fim de fazer a comparação entre "povo submisso" e "gado", a autora não se distancia do problema apontado, mas insere-se no conjunto dos conduzidos ao abate: "para onde **somos** conduzidos ao **transpormos** as catracas da vida?". Essa estratégia permite construir o *efeito de incorporação*: o enunciador não se coloca como superior, mas, assim como o leitor, sofre com as "amarras invisíveis", leva também uma "vida de gado".

Uma defesa emocional como essa demanda um *ethos* apaixonado, bem diferente daquele que a redação anterior permite construir. Trata-se de um tom em perfeita harmonia com os recursos selecionados para compor o texto, a saber, a instância enunciativa explicitada, a seleção dos argumentos (o diálogo com o "hino ao povo submisso e controlado), as perguntas retóricas, a inclusão do leitor na cena enunciativa.

Dessa forma, a seleção de diferentes leitores implica a mobilização de diferentes estratégias para construir a argumentação. Na primeira redação, o leitor participa de uma discussão assumidamente parcial: à medida que são apresentados os argumentos, vai envolvendo-se mais e mais na trama argumentativa. Na segunda redação, trata-se de refletir de forma distanciada e objetiva sobre um problema que não lhe diz respeito.

## A escrita de textos nas séries iniciais

O material que será discutido a seguir[52] foi elaborado com o objetivo de discutir questões ligadas à produção de textos nas séries iniciais. O público a que se destina são coordenadores pedagógicos da rede pública de ensino, reunidos em um curso de formação continuada, responsáveis por orientar os professores a trabalhar com alunos não alfabetizados, mesmo em séries mais avançadas. É preciso ressaltar a preocupação por parte da equipe que produziu o material em acompanhar o que se discute (e se sugere) nos PCNs, isto é, produzir atividades que discutam textos de diferentes gêneros, que priorizem reflexões sobre o *modo de dizer* dos textos e não apenas seu conteúdo.

Professor, leitura e escrita

A seguir aparecem algumas etapas de uma sequência de atividades dirigida a alunos de uma segunda série do Ensino Fundamental. Os cursistas deveriam analisar sua adequação e dar sugestões.

A) Proposta de produção

A 2ª série C é uma classe bastante heterogênea. Nela há crianças alfabetizadas e outras não alfabetizadas, em diferentes níveis de aquisição de escrita. Leia a proposta de produção e a maneira como foi conduzida pelo professor da classe:

O professor leu o início da história de Malvina, uma bruxinha decidida a mudar de vida e a encontrar um marido príncipe, e conversou com as crianças sobre o tema daquele trecho do texto. Como a proposta era que as crianças continuassem a narrativa, a professora, oralmente, ajudou-as a planejar o desenvolvimento e o desfecho da história. Discutiu então com a classe:

- o enredo da história;
- os personagens que deveriam ser mantidos;
- o lugar onde acontecem os fatos.

Ficou decidido que cada criança resolveria se Malvina conseguiria fazer ou não sua mágica e se a história teria ou não um final feliz. Leia o início da história:

Era uma vez uma bruxinha chamada Malvina, que, cansada de fazer maldades, resolveu deixar sua vassourinha de lado e mudar de vida.

O sonho dela era casar com um príncipe encantado, igual ao das princesas dos contos de fadas. Mas, encontrar um príncipe encantado não era assim tão fácil. Foi então que Malvina teve uma boa ideia: transformar um sapo em príncipe. Entusiasmada com a ideia, Malvina resolveu mudar-se para a cidade, onde havia muitas lagoas e, com certeza, teria mais chances de encontrar um sapo encantado.

Já na cidade, Malvina parou diante de uma pequena lagoa e, no meio das plantas, enxergou um sapo.

(*A bruxinha Malvina*. Silveira, Susan Helena de Souza)

Na sua opinião, a proposta de produção e a maneira como o professor a encaminhou para a classe foram adequadas a uma classe como essa? Justifique sua resposta.

A escrita **153**

B) Análise do texto produzido

Observe como Bruno continuou a história:

```
A BRUXA E O SAPO

    ELA FOI DEVAGARINHO, MAS, AQUELE SAPO
FUGIU.
    ELA ANDO,ANDOU E ANDOU E ENCON-
TROU. MAS, O SAPO VIU ELA E PULOU
NO COCORUTO DELA E O SAPO FUGIU
    JÁ CAINDO LAGRIMAS, UM SAPO
CHEGOU E DISSE:"POR QUE ESTAIS
CHORANDO MINHA JOVEM? DISSE O SAPO
COM CHARUTO NA BOCA,CHAPEU,CINTO
E CAMISA ABERTA.
    ELA RESPONDEU:"EU ESTOU PROCU-
RANDO UM PRÍNCIPE"EEE RESPONDEU
"MAS EU SOU UM PRINCIPE
QUE VIROU SAPO"ELE COLOCOU
UM OCULOS PARA FICAR MAIS BONITO,
ELA ACREDITOU E OS DOIS SE
CASARAM E TIVERAM UM FILHO
QUE O CHAMARAM "MALPO" É A
MISTURA DE MALVINA E SAPO
COM AQUELA CRIANÇA ELES TRES
VIVERAM "FELIZES "PARA SEMPRE
E O BEBÊ TAMBEM.
```

O texto de Bruno está de acordo com a proposta da professora?

C) Análise da intervenção do professor

O professor considerou que o texto de Bruno poderia ser utilizado para fazer um trabalho com a classe toda. Para isso, transcreveu-o com letras maiúsculas grandes, em papel pardo, para que toda a classe pudesse ver o original e acompanhar a revisão, comparando e decidindo as melhorias a serem feitas. Então relê para a classe a situação inicial apresentada e, em seguida, lê os dois primeiros parágrafos do texto de Bruno. Faz as seguintes perguntas para a classe:

• o que poderíamos acrescentar à frase "Ela andou, andou e encontrou..." para que tenha sentido completo?

- a repetição das palavras "andou, andou, andou" indica que Malvina andou muito ou pouco?
- quem estava chorando, Malvina ou o sapo?
- na frase "mas o sapo viu ela e pulou no cocoruto dela", o que podemos fazer para evitar a repetição de "ela" e "dela"?

Ao analisar com a classe o início dado por Bruno a sua história, o professor revela preocupar-se mais com a linguagem escrita ou com a correção gramatical?

A leitura da sequência revela, como ressaltamos, a preocupação em desenvolver práticas de produção menos artificiais: a professora lê o texto para os alunos, conversa com eles e até os ajuda a planejar sua continuação, discutindo pontos relevantes como personagens e o lugar onde se desenrola a história. Essa estratégia didática, que procura facilitar a atividade de escrita, não sobrecarregando o aluno com muitas tarefas, é comum nas séries iniciais. A questão lançada aos coordenadores, se a proposta e seu encaminhamento eram adequados, procura fazer com que reflitam sobre a necessidade de levar o aluno a escrever textos (sendo ele alfabetizado ou não) e de propor caminhos e estratégias como os apresentados. Observa-se, até aqui, que o texto (sua produção), longe de ser visto como o resultado de um momento de inspiração, é concebido como um processo, um trabalho que demanda planejamento, escolhas, (re)elaboração.

No entanto, como se pode observar no encaminhamento da professora, não há reflexões sobre as condições de produção do texto proposto (nem tampouco de sua recepção), isto é, os alunos não são levados a refletir sobre os objetivos da produção (continuar a narrativa para quê? é só uma tarefa escolar?), a quem se destina (só o professor? os colegas da classe? da rua?), o contexto onde vai circular (só na sala? na escola?), seu suporte (fará parte de um livro? do mural da escola?).

Essa discussão é de fundamental importância, uma vez que, como vimos, os textos não se dissociam das esferas sociais nas quais circulam, mas refletem as condições e finalidades de cada uma dessas esferas. Produzir um texto significa, portanto, não apenas escolher um tema (o que dizer), mas selecionar estratégias de dizer (o modo de dizer) levando em conta o *para quê se escreve, para quem se escreve* etc. Se esses fatores não são considerados, o texto acaba não cumprindo seu propósito comunicativo e pode mesmo gerar problemas de compreensão.

Quanto à análise do texto de Bruno, os coordenadores deveriam verificar sua adequação à proposta, observando se o texto dava prosseguimento à situação inicial apresentada, se articulava novos acontecimentos e personagens, se acrescentava complicação e desfecho. Percebe-se que o aluno faz tudo isso e ainda com muito bom humor!

Na terceira e última etapa, o texto é objeto de uma revisão conjunta. A professora faz então uma série de perguntas para a classe, em um trabalho que objetiva "melhorar o texto". Antes de discutir as questões levantadas, é importante observar o que o texto revela sobre os conhecimentos linguísticos de Bruno. Em primeiro lugar, a habilidade em operar com os recursos coesivos da língua. Observe-se que, ao contrário da autora do texto apresentado aos alunos, que não faz qualquer remissão ao referente *bruxa* além da repetição do mesmo item lexical (Malvina-Malvina-Malvina), Bruno já inicia seu texto retomando o referente por um pronome anafórico – *ela*. Em seguida emprega outros elos coesivos, dentre eles, *aquele, ela, dela, ele, minha jovem, os dois, o* (retomando "um filho"), *aquela criança, eles três, o bebê*.

Além dos anafóricos e das expressões definidas, o texto apresenta outros elos coesivos, que articulam frases e parágrafos. Há três ocorrências do conector *mas* (Ela foi devagarinho, **mas**, aquele sapo fugiu. / **Mas** o sapo viu ela (...)/ **Mas** eu sou um príncipe que virou sapo), sendo que a primeira e a última estabelecem uma relação semântica de contraste, de oposição entre duas vozes, dois pontos de vista. No caso da primeira, pode-se dizer que contribui para tecer o conflito da história uma vez que a fuga do sapo (o primeiro que aparece) faz a bruxinha continuar sua busca.

A repetição de *andou, andou e andou* confere ao texto um efeito expressivo, enfatizando a persistência de Malvina e também representando, na própria materialidade do texto, o longo caminho percorrido pela bruxinha (não é nada fácil encontrar um príncipe!). A ideia de que repetições devem ser evitadas na escrita, tão presente em alguns manuais de "escrever bem", parece, felizmente, estar sendo descartada (é o que mostra a pergunta da professora aos alunos: *a repetição das palavras "andou, andou, andou" indica que Malvina andou muito ou pouco?*).

156 Professor, leitura e escrita

O texto também mostra que Bruno sabe "orquestrar" as diferentes vozes que mobiliza para construir sua história, a do narrador e a das personagens, indicando para o leitor quando se trata de um ou outro. Isso é feito por meio dos sinais de pontuação (dois pontos, aspas) e também pelo uso de verbos *dicendi* como *disse* e *respondeu*.

Outro recurso que aparece no texto: a caracterização do sapo não se restringe a conferir a ele uma aparência diferente – ele também "fala" diferente, de forma a impressionar/convencer a bruxinha de que seria mesmo um príncipe disfarçado. Para veicular a fala do príncipe-sapo, Bruno usa outra variedade linguística (*Por que estais chorando minha jovem?*), mostrando que sabe que determinadas situações/contextos exigem uma linguagem mais elaborada.

Percebe-se, portanto, que Bruno estrutura seu texto de forma bastante apropriada, uma vez que já manipula uma série de recursos expressivos. Isso não significa que seu texto está *pronto*, que não deva ser objeto de uma revisão no sentido de enriquecê-lo: esse trabalho deve ser feito a fim de ampliar o conjunto de recursos de que dispõe para construir textos. A professora, como a sequência acima mostra, propõe-se a fazer esse trabalho. Mas como o direciona?

A não explicitude de referentes a que se referem alguns dos anafóricos que aparecem no texto de Bruno é o que parece incomodar mais a professora. Assim, as questões (*o que poderíamos acrescentar à frase "Ela andou, andou e encontrou..." para que tenha sentido completo?* e *quem estava chorando, Malvina ou o sapo?*) buscam preencher os espaços em branco, as informações que não apareceram, por terem sido avaliadas por Bruno como conhecidas do leitor do texto (a professora, os colegas da classe).

Na primeira questão, a informação seria aquela que todos os que leram a proposta não teriam problemas em saber: ela andou e encontrou um (outro) sapo. Além disso, o uso do *aquele* no enunciado anterior (*ela foi devagarinho mas **aquele** sapo fugiu*) permite que o leitor infira que não se trata do primeiro candidato a príncipe com quem se depara a bruxinha. Na segunda questão, mesmo um leitor que não tenha conhecimento sobre as condições de produção da proposta (alunos e professora) pode facilmente ligar à Malvina o enunciado *já caindo lágrimas*: o que aparece explicitado no texto (as informações sobre sua busca – até ali infrutífera – e o enunciado posterior – *um sapo chegou*) permite que a inferência seja feita.

A professora também procura eliminar determinadas repetições não produtivas como *ela* e *dela*. É interessante observar como essa orientação parece deslocada em relação às outras. Isso porque o próprio texto escolhido não serve como "modelo" para mostrar aos alunos a importância de, por exemplo, trabalhar a caracterização de personagens por meio da escolha de outras formas para (re)ativar o referente, além da simples repetição (Malvina). Além disso, a professora deixa de observar como em outros lugares do texto aparecem expressões que retomam o nome Malvina, como *minha jovem*, que oferecem ao leitor informações/avaliações importantes para a construção dos sentidos. Nesse sentido, o texto de Bruno é mais sofisticado que o texto apresentado, "aposta" que o leitor não terá problemas em ligar o nome à expressão que faz remissão a ele.

Assim pode-se dizer que as orientações presentes no processo de revisão revelam uma concepção de texto como *produto*, porque não levam em conta a dimensão pragmático-enunciativa da linguagem. Um trabalho que discutisse/explicitasse as condições de produção/recepção do texto, que tomasse o texto como um *processo*, levaria os alunos a, progressivamente, selecionar os recursos necessários para construir seu *dizer*, para selecionar o que precisa ficar no nível do explícito, o que pode (ou deve) ser apenas sugerido, implicitado. Em outras palavras: levaria o aluno a interpretar de forma adequada as condições de produção/circulação de seu texto.

## Notas

[1] Vamos discutir as hipóteses dos alunos sobre a escrita mais à frente.

[2] Ideia de J. Yates discutida por Luiz Antonio Marcuschi em "Gêneros textuais emergentes no contexto da tecnologia digital", em L.A. Marcuschi e A. Carlos Xavier (orgs.), *Hipertexto e gêneros digitais*, 2. ed., Rio de Janeiro, Lucerna, 2005.

[3] "Quer eliminar tudo que não é essencial: as descrições pitorescas, o lugar-comum das frases-feitas, a eloquência tendenciosa. Seria capaz de eliminar ainda páginas inteiras, eliminar os seus romances inteiros, eliminar o próprio mundo. Para guardar apenas o que é essencial [...]", retirado de Otto Maria Carpeaux, "Visão de Graciliano Ramos", em Brayner, Sonia (org.), Coleção Fortuna Crítica *Graciliano Ramos*, 2. ed., Rio de Janeiro, Civilização Brasileira, 1978.

[4] Os editores ressalvam que a coletânea dirige-se a outros públicos: "[...] embora se destinando de certa forma ao público infantil, esta coletânea não visa apenas às crianças. Amar a poesia de Manuel Bandeira, particular que seja a forma por que ela se apresente, não depende da faixa etária do leitor, depende apenas da condição humana".

[5] Sobre o fazer simples de Bandeira, assim discorre o crítico Alcides Villaça: "Numa das primeiras aulas que dei no então curso ginasial li em voz alta, para meninos entre dez e doze anos, o poema

'Porquinho-da-Índia', de Manuel Bandeira. Contava com uma reação mais ou menos entusiasmada, e tinha na ponta da língua a conclusão evidente: 'Poesia não é sempre uma coisa complicada'. Mas acabou sendo. A complicação, naquela aula, foi a desconcertante indiferença dos alunos, que um deles acabou por justificar dizendo: 'Poesia assim até eu faço!' [...] O menino não explicou, evidentemente, aquele *assim*. É função dos adultos e estudiosos da poesia reconhecer o *assim*, o como fazer – no caso – o *simples*. O simples é a complicação crítica da poesia de Bandeira", em Telê Porto Ancona Lopez (org.), O resgate íntimo de Manuel Bandeira. Telê Porto Ancona Lopez (org.) *Manuel Bandeira: verso e reverso*, São Paulo, T.A. Queiroz, 1987, p.29.

[6] Não faltam exemplos nos romances machadianos, como *Gastei trinta dias para ir do Rocio Grande* **ao coração de Marcela** (grifo adicionado), presente em *Memórias póstumas de Brás Cubas*.

[7] Ver Lourenço Chacon, Ritmo da escrita uma organização o heterogêneo da linguagem, São Paulo, Martins Fontes,1998.

[8] Não se trata apenas de selecionar palavras no diminutivo, mas de trabalhá-las de forma a produzir diferentes efeitos. No "poema" que segue, como se pode observar, não houve esse trabalho, o que explica sua linguagem artificial e inexpressiva: "O meu gatinho sumiu!/O que é que eu faço agora?/Onde será que ele está?/Por que é que ele foi embora?/Sinto muita falta dele/Do ronronzinho gostoso/Da lambidinha na mão,/Do seu pelinho sedoso [...]", em Pedro Bandeira, "Perdeu-se um gatinho", Mais respeito, eu sou criança!, São Paulo, Moderna, 1995.

[9] Para ficar em alguns exemplos: "Mulheres", "Pensão familiar", "Camelôs", "Porquinho-da-Índia", "Oração a Teresinha do Menino Jesus", poemas que integram o livro *Libertinagem*.

[10] Sírio Possenti, "Enunciação, autoria e estilo" em M. Rodrigues e W. Alves (orgs.), *Discurso e Sentido*: questões em torno do ensino, da mídia, da história, São Paulo, Claraluz, 2007.

[11] João Wanderley Geraldi, *Portos de passagem*, 3. ed., São Paulo, Martins Fontes, 1995.

[12] Idem, p. 160.

[13] Idem, p. 161.

[14] Idem, p. 166.

[15] As atividades de produção de texto propostas em livros didáticos parecem seguir o seguinte percurso: leitura + discussão (?) + proposta de produção.

[16] Idem, p.181.

[17] Idem, p.27.

[18] Idem, p.194.

[19] Idem, p.196.

[20] H. Osakabe, *Argumentação e discurso político*, 2. ed., São Paulo, Martins Fontes, 1999.

[21] M. Bakhtin, *Estética da criação verbal*, 2. ed., São Paulo, Martins Fontes, 1977, p.321.

[22] Ingedore V. Koch, "Sobre a seleção do núcleo das formas nominais anafóricas na progressão referencial", em Lígia Negri & Maria José Foltran & Roberta Pires de Oliveira (orgs.), *Sentido e significação*. Em torno da obra de Rodolfo Ilari, São Paulo, Contexto, 2004, p.244.

[23] Ingedore V. Koch, *Desvendando os segredos do texto*, São Paulo, Cortez, 2002, p.106.

[24] Nos estudos sobre referenciação, atualmente presentes na Linguística Textual, os autores fazem questão de enfatizar a concepção de referência por eles adotada, lançando mão da expressão *objetos do discurso*.

[25] Idem, p.204.

[26] Sírio Possenti, *Discurso, estilo e subjetividade*, São Paulo, Martins Fontes, 1988.

[27] Nome do capítulo.

[28] Op. cit., p.158.

[29] Ver classificação de José Marques de Melo em *Jornalismo opinativo*: gêneros opinativos no jornalismo brasileiro, 3. ed., Campos do Jordão, Mantiqueira, 2001.

[30] Ver Carlos Alberto Faraco, *Linguagem e diálogo*, as ideias linguísticas do círculo de Bakhtin, Curitiba, Criar Edições, 2003.

[31] Ingedore V. Koch, "Sobre a seleção do núcleo das formas nominais anafóricas na progressão referencial", em Lígia Negri & Maria José Foltran & Roberta Pires de Oliveira (orgs.), *Sentido e significação*. Em torno da obra de Rodolfo Ilari, São Paulo, Contexto, 2004.

[32] Magda Soares, "A escolarização da Literatura Infantil e Juvenil", em M. Zélia Machado (org.), *A escolarização da leitura literária*. O jogo do livro infantil e juvenil, 2. ed., Belo Horizonte, Ceale, 2006.

A escrita    159

[33] Observe-se o seguinte "texto", também apresentado por M. Soares, produzido para "ensinar a família do Je ji/Ge gi": Uma jiboia gigante estava de boca aberta, pronta para engolir a girafa, quando esta, sabendo que a cobra tinha medo de injeção, disse: - Se me comer, vai ficar com indigestão. Vem o guarda da floresta e lhe enfia na goela uma tigela de jiló. E, ainda, lhe aplica uma injeção [...]". Nas palavras de Soares, "desnecessário comentar a falta de coerência desse pretenso "texto": uma jiboia, por gigante que seja, jamais poderia engolir uma girafa... jiboia com medo de injeção?! E por que a tigela de jiló?" (p.30).

[34] D. Maingueneau, *Análise de Textos de Comunicação*, São Paulo, Cortez, 2001, p.99.

[35] D. Maingueneau, *Cenas da enunciação*, Curitiba, Criar, 2006.

[36] Op. cit., p.58.

[37] D. Maingueneau, *Análise de Textos de Comunicação*, São Paulo, Cortez, 2001, p.86.

[38] Idem, p.86.

[39] Como "Procura da poesia" e "O lutador", ambos de Drummond.

[40] Antes mesmo da leitura, já dizem que não gostam de poesia.

[41] Carlos Franchi, "Criatividade e gramática", em *Mas o que é mesmo gramática?*, São Paulo, Parábola Editorial, 2006, p.50.

[42] Sírio Possenti, *Aprender a escrever reescrevendo*, Coleção Linguagem e Letramento em foco, CEFIEL/MEC, 2005.

[43] Op. cit., pp.17-18.

[44] Retirado de R. Ilari, *Introdução à semântica*: brincando com a gramática, São Paulo, Contexto, 2001, p.89.

[45] D. Maingueneau, *O discurso literário*, São Paulo, Contexto, 2006.

[46] Antonio Candido, *O estudo analítico do poema*, 3.ed., São Paulo, Humanitas Publicações, 1996, p.89.

[47] Em oposição a tendências/escolas que preconizavam que a poesia não poderia estar presente no cotidiano e/ou ser materializada na "língua do povo". Sobre isso, assim discorre Manuel Bandeira, também poeta modernista: "assim na companhia paterna ia-me eu embebendo dessa ideia que a poesia está em tudo – tanto nos amores como nos chinelos, tanto nas coisas lógicas como nas disparatadas", em "*Itinerário de Pasárgada*", *Manuel Bandeira poesia completa &prosa*, Rio de Janeiro, Aguilar, 1985.

[48] D. Maingueneau, 1996, pp.40-41.

[49] D. Maingueneau, 2001, p.139.

[50] Segundo Marcuschi (2002), a noção de tipo textual remete ao funcionamento da constituição estrutural do texto e é usada "para designar uma espécie de construção teórica definida pela natureza linguística de sua composição (aspectos lexicais, sintáticos, tempos verbais, relações lógicas). Em geral, os tipos textuais abrangem cerca de meia dúzia de categorias conhecidas como narração, argumentação, exposição, descrição, injunção" (p.22).

[51] Tanto a proposta como as redações foram retiradas do site da Fuvest.

[52] Tive acesso ao material quando fui convidada a assumir as aulas do curso.

# A REESCRITA DE TEXTOS

A prática de escrita inclui o momento em que o produtor avalia o texto produzido, analisando sua adequação e eficácia. Trata-se de um momento extremamente importante, indispensável no processo de escrita, que demanda que o escrevente ocupe a posição de leitor, avaliando o que é necessário eliminar, acrescentar, modificar etc.

Infelizmente, as práticas escolares de escrita dedicam pouca ou nenhuma atenção à reescrita de textos. E isso por motivos que vão desde o despreparo do professor para constituir-se efetivamente como interlocutor de seus alunos (coautor dos textos de seus alunos) até o tempo insuficiente dos docentes (por conta do número excessivo de aulas que devem assumir) para fazer a leitura dos textos produzidos.

A reescrita ainda costuma ser associada a uma simples higienização do texto, isto é, a uma correção cujo propósito único é "limpar" o texto de "erros" de ortografia, pontuação, concordância e outros localizados em sua superfície. Não há comentários sobre a seleção de argumentos, a adequação do texto a seu público, se o tom está adequado ao propósito comunicativo do texto e outras observações que promoveriam a melhora do texto, seu enriquecimento, observações essas que só podem

162 Professor, leitura e escrita

ser feitas por um professor capaz de avaliar se o aluno sabe interpretar adequadamente as condições de produção de seu texto e não por um professor preocupado apenas em "caçar erros".

No que diz respeito aos livros didáticos, muitas vezes o único material a que o professor tem acesso, não é comum encontrar nesses manuais espaço dedicado às etapas de revisão e de reelaboração de textos. Quando aparece, ou não se explicitam os critérios que deveriam nortear a reescrita ou esses são muito vagos ("observar se o texto está coeso e coerente"). É importante ressaltar que as noções de *coesão* e *coerência*, quando empregadas como critérios de correção de textos, ficam muito vagas e imprecisas. Por que o texto não está coerente? O que perturba sua coesão? O que pode ser feito para eliminar esses problemas?

Em outras palavras: considerar um texto mal-escrito, avaliá-lo negativamente, é pouco ou nada se essa avaliação não puder ser comprovada no próprio texto e, ressalte-se, com observações que enfoquem aspectos textuais e discursivos. Depois disso, após essa etapa, segue-se a mais importante – a de apontar o que precisa ser revisto e como isso poderia ser feito.

Como destacamos, a partir da década de 80, autores ligados à área da linguagem enfatizaram a necessidade de se adotar o texto como "ponto de partida e ponto de chegada" nas aulas de Língua Portuguesa. No que diz respeito à escrita, procurava-se, com essas reflexões, abrir caminhos para práticas voltadas para a produção de textos em diferentes gêneros, textos que se aproximassem daqueles que circulavam fora da escola, rompendo, assim, com a tradicional redação escolar. Para a produção dessa última, os alunos recebiam (recebem?) um tema ou título, a partir do qual deveriam escrever um número X de linhas. O caráter artificial da atividade é responsável pela produção de "exercícios de escrita", como já apontaram diferentes autores[1], e, muito provavelmente, pela aversão de muitos alunos ao texto escrito, ao trabalho que leva à sua produção.

Em *Portos de Passagem* Geraldi apresenta o seguinte quadro:[2]

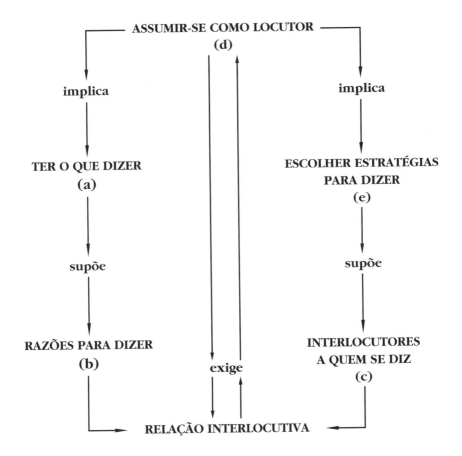

O quadro mostra que a produção de textos não se dá fora de determinadas circunstâncias, que devem ser consideradas por aquele que se propõe a escrever. Ter um título ou tema em mãos é muito pouco (ou nada) em uma prática que demanda uma série de ações, que vão desde a escolha do gênero de discurso mais adequado para "concretizar" o propósito comunicativo, o *querer dizer* do locutor, passando pelo planejamento e elaboração até a reelaboração do texto.

No que diz respeito ao primeiro item (ter o que dizer), parece óbvio que não se pode discutir temas sobre os quais não se tem informações, não se conhece diferentes pontos de vista (falar sobre física quântica, por exemplo, pode ser bem complicado para muitas pessoas). Esse item remete ao conteúdo temático dos gêneros, que varia de acordo com as esferas sociais em que estes circulam e são produzidos.

Embora a ação de produzir textos no contexto escolar seja, muitas vezes, resultado de algum tipo de proposta em que o aluno é solicitado a executar uma tarefa, essa não pode ser reduzida a preencher um número X de linhas. Geraldi ressalta a necessidade de que aquilo que o aluno tem a dizer se sobreponha a razões artificiais de escrita. Isso só pode ser atingido se o professor instaurar-se como interlocutor *efetivo* de seus alunos, se ler os textos, comentá-los, fazer sugestões, não se atendo apenas à caça de erros, à correção de erros de ortografia e/ou gramática (a higienização do texto). *É preciso que se tenha uma razão para dizer o que se tem a dizer*, caso contrário o texto a ser produzido não faz sentido para o aluno.

O item c remete à necessidade de a escola trabalhar com "textos verdadeiros" (aqueles que circulam fora do ambiente escolar), de trabalhar com a diversidade de gêneros. Cada um deles tem uma concepção de leitor a ser atingido: no discurso jornalístico, como vimos, o do gênero notícia é diferente daquele do gênero reportagem ou do blog jornalístico (no primeiro um leitor mais interessado no relato dos fatos; nos últimos, um mais interessado em conhecer interpretações sobre determinados fatos/temas). Geraldi ressalta, assim, a necessidade de se observar essas questões e, inclusive, a de possibilitar aos alunos um trabalho com interlocutores *possíveis* ou *reais*: cartas a políticos, organização de jornais, confecção de livros (para públicos diferentes) etc.

Em (d), o autor afirma que "o locutor se constitui como tal enquanto sujeito que diz o que diz". Isso quer dizer que o processo de produção de escrita na escola deve possibilitar que o aluno se torne *autor* de seus textos: são suas palavras, seus pontos de vista que são construídos (obviamente a partir/sobre outros pontos de vista), ouvidos/lidos, considerados. Sua voz não pode se reduzir à simples reprodução do que considera que a escola quer ouvir (e, infelizmente, essa avaliação é fundamentada em sua experiência escolar) em uma linguagem desprovida de marcas de autoria.

Levando em conta (a), (b), (c) e (d), escolhem-se estratégias para dizer o que se pretende dizer. Aqui a referência é ao *como dizer* dos textos, como esses devem ser construídos para atingir os objetivos a que se propõem. São os recursos expressivos que discutimos anteriormente. Para Geraldi, a contribuição do professor pode ser mais significativa em relação a esse tópico, apontando possíveis caminhos para o aluno dizer o que quer dizer no gênero selecionado.

Nosso objetivo, ao retomar as considerações do autor, é discutir se essas foram apropriadas pelos livros didáticos de Língua Portuguesa (LDLP). Partimos da ideia de que a apropriação ocorreu, embora com sérias lacunas, e pode ser explicada por duas razões. A primeira é a retomada das reflexões de Geraldi pelos Parâmetros Curriculares Nacionais (PCNs) para fundamentar a compreensão do documento sobre como devem ser as práticas de escrita no contexto escolar. A influência pode ser apreendida em diferentes trechos do documento, como se pode observar nos seguintes:

> Ao produzir um texto, o autor precisa coordenar uma série de aspectos: o que dizer, a quem dizer, como dizer.[3]

> Formar escritores competentes supõe, portanto, uma prática continuada de produção de textos na sala de aula, situações de uma grande variedade de textos de fato e uma aproximação das condições de produção às circunstâncias nas quais se produz esses textos. Diferentes objetivos exigem diferentes gêneros e estes, por sua vez, têm suas formas características que precisam ser aprendidas.[4]

A outra razão, decorrente da primeira, é a implantação, na década de 80 do século passado, do Programa Nacional do Livro Didático (PNLD), desenvolvido por órgãos ligados ao Ministério da Educação (MEC). O Programa foi modificado de forma substantiva em 1996.[5] A partir desse ano, os livros passaram a ser analisados tendo em vista, dentre outros critérios, sua adequação às ideias presentes nos PCNs. É importante ressaltar a dependência do mercado editorial em relação ao governo federal, uma vez que este último é o maior comprador de livros didáticos, segmento a que está voltado, de forma majoritária, o setor editorial brasileiro.

De acordo com a avaliação, os títulos recebem menções, que são representadas por estrelas: os *recomendados com distinção* recebem três estrelas; os *recomendados*, duas e os *recomendados com ressalvas*, uma estrela. Aqueles que não são aprovados entram na categoria dos *excluídos*, o que significa que não podem ser adotados nas escolas. Assim, a avaliação obrigou os autores de livros didáticos a efetuar uma série de

## 166 Professor, leitura e escrita

mudanças para que pudessem ter seus títulos no mercado. Nas palavras de Batista, Rojo e Zuniga:[6]

> A realização da avaliação terminou por resultar numa política do Estado não apenas de intervenção no campo editorial e de controle de sua produção, mas também, por essa via, de intervenção no currículo e de seu controle.

Dessa forma, os autores dos manuais precisa(ra)m adotar as concepções de língua, leitura e escrita presentes nos PCNs para fundamentar/orientar as atividades propostas. Essa obrigatoriedade resultou em avanços em relação ao que vinha sendo editado, mas não se pode dizer que certas lacunas/incorreções tenham sido superadas. Por exemplo: a pesquisa realizada por Marcuschi,[7] que analisou atividades de compreensão presentes nos LDs, mostrou que o problema dos manuais não é a ausência de um trabalho voltado para a compreensão de textos, mas a natureza desse trabalho, qual seja, uma mera atividade de "extração de conteúdo".

No que diz respeito à produção de textos, vários autores já se dedicaram a analisar atividades de escrita presentes nos LDLP. No geral, fazem uma avaliação positiva das coleções recomendadas (com distinção ou não). Nas palavras de Costa Val:[8]

> Se há duas ou três décadas a redação não constituía objeto de ensino, não figurava nos manuais e não merecia do professor esforço maior que a imposição de um título à turma de alunos, hoje os livros didáticos que entram na escola pública se ocupam efetivamente da questão, apresentando propostas e formulando orientações para os estudantes.

O estudo da autora, que analisou 40% das coleções de Língua Portuguesa para a quinta a oitava séries avaliadas no PNLD/2002, aponta a presença, na maioria das coleções, de propostas numerosas e variadas de produção de diversos gêneros textuais, o que se coaduna com a ideia de que a escola deve trabalhar com "textos verdadeiros". Dos títulos analisados, apenas um não contemplava a diversidade de gêneros e tipos textuais, sendo que a grande maioria apresentava propostas de produção de cartas, notícias, reportagens, histórias de suspense, fábulas, leis, regulamentos, diários, propagandas etc. No entanto, ressalta Costa Val, "ainda são frequentes as propostas de redação escolar, em que se sugere a escrita de narrações, descrições e dissertações nos moldes tradicionais".[9]

Das lacunas apontadas pela autora, interessa-nos discutir duas. A primeira refere-se à ausência de um trabalho voltado para os recursos expressivos da língua (as *estratégias de dizer*, nos termos de Geraldi) que possibilite a seleção, por parte do aluno, dos mais indicados para produzir os efeitos de sentido pretendidos. De fato, nas discussões/orientações que costumam aparecer nos manuais, o máximo que aparece são indicações quanto à variedade a ser usada ("a norma culta da língua"), ao registro ("formal", na maioria das vezes). Lembramos que, para Geraldi (com quem concordamos), a contribuição do professor seria mais acentuada em relação a essa dimensão dos gêneros (o estilo). Infelizmente, isso acaba não ocorrendo por conta de o professor não ter condições de suprir essa lacuna presente nos livros didáticos.

A outra lacuna incide sobre a revisão e reelaboração dos textos. Na avaliação da autora:[10]

> Pode-se dizer que a tendência geral, nas coleções recomendadas, é trabalhar com o aluno o planejamento, mas descuidar da revisão, da reelaboração e da autoavaliação.

As propostas de revisão, quando aparecem, tendem a privilegiar aspectos formais do texto (letra legível, presença de título e paragrafação, pontuação e ortografia), não contemplando a dimensão dialógica da escrita ("os livros não se preocupam em ensinar o aluno a avaliar a pertinência e adequação de seus textos em função de seus objetivos, do leitor pretendido, do contexto e do suporte de circulação, do gênero discursivo escolhido").

Costa Val observa ainda que as propostas de revisão e reelaboração que contemplam apenas aspectos formais do texto são improdutivas por conta de se limitarem a listar elementos que devem ser considerados, sem oferecer critérios para proceder a uma revisão:[11]

> Por exemplo: se o aluno não tem domínio da pontuação ou da ortografia, ou se desconhece algumas regras da concordância padrão, de que adianta simplesmente incluir esses itens na lista do que deve ser revisto? Como ele poderá descobrir e corrigir as falhas de seu texto?

168 Professor, leitura e escrita

Consideramos que para responder as questões lançadas pela autora é preciso considerar a figura do professor: é ele, como interlocutor-leitor dos textos dos alunos, que deve apontar caminhos, fazer sugestões. É claro que não só ele (os alunos ouvem as opiniões/sugestões de colegas), mas é dele que se espera uma leitura mais acurada, como também o conhecimento de recursos que a língua oferece para construir diferentes modos de dizer. Nesse sentido, mesmo lançando mão de um LD com deficiências, o professor pode trabalhar a reescrita de textos produzidos a partir de propostas presentes nesses manuais. O material básico para isso é a escrita de seus alunos: ela é o ponto de partida e o ponto de chegada, retomando as palavras de Geraldi.

Talvez seja essa prática, a de se voltar sobre o texto produzido a fim de adequá-lo/aprimorá-lo, fundamental no processo de aquisição de escrita, a grande lacuna das aulas de Língua Portuguesa (juntamente com a prática de leitura). Como apontaram os estudos acima mencionados, não faltam propostas de produção de textos, mas a questão é saber se os alunos estão mesmo escrevendo (e não apenas fazendo exercícios gramaticais ou de apreensão de conteúdo). E, se estão, como vem sendo feito o enriquecimento dos textos produzidos (se é que esse trabalho é desenvolvido)?

Esses questionamentos decorrem de nossa própria experiência como docente. Há uma resistência, tanto de professores como de alunos, a retornar ao texto produzido, como se este não precisasse de outras versões além da primeira, considerada definitiva. Para Dahlet,[12] a ausência da etapa de reelaboração do texto, verificada no processo de escrita da maioria dos sujeitos por ele pesquisados, pode ser explicada pela dificuldade que os escreventes têm em se distanciarem do próprio texto, em ocuparem a posição de leitores a fim de avaliar o que escreveram. Trata-se de uma dificuldade que a escola acaba não conseguindo eliminar, uma vez que, depois de terminada a "tarefa", o texto produzido não é analisado e reescrito (e muitas vezes não é sequer lido pelo professor).

Nesse sentido, talvez fosse produtivo o professor discutir com os alunos a necessidade da revisão/reelaboração, sua importância no processo da escrita. Para isso, um bom caminho é apresentar dados que revelem a perspectiva de escritores renomados sobre o ato de escrever, como o depoimento de Graciliano Ramos que apresentamos anteriormente. Nele, o escritor compara o ato de escrever ao ofício das lavadeiras (torcer, molhar novamente, voltar a torcer), afastando, assim, a ideia de que o texto é fruto de um momento mágico. Outro caminho interessante é apresentar modificações feitas pelo autor, de uma edição para outra, alterações que indicam que os textos, inclusive os de grandes escritores, estão sempre em construção. Sobre isso, observem-se os seguintes trechos de *São Bernardo*. O primeiro, parte da edição de lançamento do romance, de 1933; o segundo, da terceira edição, o "texto definitivo", publicado em 1947:[13]

> Conheci que Madalena era boa em demasia, mas não conheci tudo duma vez. [...] A voz de Madalena continua a acariciar-me. Que diz ela? Naturalmente pede para mandar algum dinheiro a mestre Caetano. Isso me irrita, mas a irritação é diferente das outras, é uma irritação antiga, que me deixa inteiramente calmo. Que loucura estar uma pessoa ao mesmo tempo zangada e tranquila! Mas estou assim. Irritado contra quem? Contra mestre Caetano.

> Conheci que Madalena era boa em demasia, mas não conheci tudo de uma vez. [...] A voz de Madalena continua a acariciar-me. Que diz ela? Pede-me naturalmente que mande algum dinheiro a mestre Caetano. Isso me irrita, mas a irritação é diferente das outras, é uma irritação antiga, que me deixa inteiramente calmo. Loucura estar uma pessoa ao mesmo tempo zangada e tranquila. Mas estou assim. Irritado contra quem? Contra mestre Caetano.

Das modificações feitas pelo autor, chama atenção a que transforma o enunciado "Que loucura estar uma pessoa ao mesmo tempo zangada e tranquila!" em "Loucura estar uma pessoa ao mesmo tempo zangada e tranquila". Da supressão do "que" e do ponto de exclamação decorre a eliminação do tom expressivo e bastante "envolvido" da fala de Paulo Honório, personagem-narrador do romance, fala da qual se depreende um *ethos* que não se harmoniza com sua figura, um sujeito insensível, avesso a emoções. A modificação por supressão, um traço do estilo de Graciliano, contribui para caracterizar a personagem, atribuir-lhe um *ethos* de sujeito embrutecido, incapaz de emocionar-se (observe-se que o narrador afirma que mesmo a irritação não lhe tira a calma), um *ethos* em perfeita harmonia com este perfil, portanto.

## 170 Professor, leitura e escrita

Refletir sobre modificações presentes em manuscritos é também um bom caminho para defender a ideia de que existe um longo percurso, de idas e vindas, até o texto ser considerado pronto. Observem-se os fragmentos a seguir. Trata-se de diferentes versões de um trecho do conto "Primeiro de Maio" de Mário de Andrade:

---

**1ª versão:**

E o 35 saiu, estava lindo. Com a roupa preta de luxo, um nó errado na gravata e as admiráveis botinas que não pudera sem comprar. Na calçada se orientou meio assustado.

---

**2ª versão:**

E **Afinal** o 35 saiu, estava lindo. Com a roupa preta de luxo, um nó errado na gravata **verde com listinhas brancas** e as **aqueles** admiráveis botinas **sapatos de pelica amarela** que não pudera sem comprar. **O verde da gravata, o amarelo dos sapatos, bandeira brasileira, tempos de grupo escolar... E o 35 comoveu num hausto forte, querendo bem o seu imenso Brasil, imenso colosso gigante, foi andando depressa, assobiando.** ~~Na calçada se orientou meio assustado.~~ **Mas parou de sopetão e se orientou assustado. O caminho não era aquêle, aquêle era o caminho do trabalho.**

---

Fonte: Costa, Rosemary Aff. *Os caminhos entrecruzados do desejo*: manuscritos de Contos novos de Mário de Andrade, São Paulo, PUC, dissertação, 2001.

Como se pode observar, a segunda versão apresenta modificações por acréscimos/substituições, que vão de palavras/expressões a trechos inteiros, e parecem ser motivadas pelo propósito de caracterizar de forma mais pormenorizada a personagem 35, trabalhador que se prepara para participar das comemorações do primeiro de maio, dia do trabalho. Assim, a primeira versão do fragmento não descreve de forma detalhada o traje de 35, descrição presente na segunda versão (*gravata verde com listinhas brancas, sapatos de pelica amarela*). Tal enriquecimento de detalhes contribui para caracterizar a personagem: seu traje (que provocará o riso dos próprios "camaradas") reflete a crença ingênua em um país solidário para com seus trabalhadores.

Também é interessante observar a permuta do conectivo *e* pelo advérbio *afinal*. O primeiro estabelece uma relação de continuidade, sem enfatizar a importância das ações realizadas antes da saída de 35 (vestir-se para ir ao desfile). O *afinal*, por outro lado, além de dar sequência à preparação para o desfile, atribui importância a ela, como se se tratasse de um ritual, que é coroado com a saída de 35.

Assumindo a necessidade de se adotar práticas de reescrita, cabe discutir a questão dos critérios, ou seja: que parâmetros devem orientar as intervenções a fazer no texto produzido?

Refletindo sobre essa questão, Possenti[14] afirma que, no que diz respeito a práticas de (re) escrita no contexto escolar, um texto adequado, que é o que se espera que o aluno escreva, deve ter dois traços básicos: ser *correto* e ser *bem-escrito*.

Quanto ao primeiro traço, Possenti ressalta que, embora a noção de correção se defina segundo critérios históricos, uma das finalidades da escola é "permitir que o aluno aprenda a escrever segundo as regras ou normas de sua época".[15] A afirmação é necessária, de acordo com o linguista, por conta de haver interpretações no sentido de que não seria mais necessário "corrigir" o texto do aluno.

De fato, uma das dúvidas do professor, quando retorna à universidade para dar continuidade à sua formação, é em relação ao que fazer diante de "erros" de grafia e outros de ordem gramatical presentes nos textos de alunos. Isso porque, dentre as tantas coisas que leu/ouviu, está a de que os linguistas rejeitam a prática de correção de textos, a de que defendem a ideia de que não se deve ensinar a variedade padrão (um simulacro de linguista que circula na mídia). Por conta disso, a ressalva de Possenti é importante: a escola deve dar condições para o aluno produzir textos em gêneros mais formais, que demandam a variedade culta da língua.

Em relação ao segundo traço, ser bem-escrito, o linguista lembra que esta noção é bem menos tranquila que a noção de correção, uma vez que seus[16]

> critérios são um pouco mais fluidos, ou amplos. Em cada época, há textos mais formais e outros menos formais, uns mais "inventivos" e outros mais "bem-comportados", conforme sejam poemas, propagandas, ofícios, artigos para jornal... Basta comparar textos literários, jornalísticos, administrativos etc., para ver isso claramente. A grande variedade dos gêneros textuais e dos suportes de textos, associada à grande diversidade de realizações, de natureza estética ou não, faz com que seja menos fácil definir o que é bem-escrito do que o que é correto.

Possenti reafirma que o domínio da escrita é consequência de uma prática, tanto no sentido de que demanda ser praticada para ser aperfeiçoada, como no sentido de que é facilitada se a escola leva em conta o funcionamento da escrita no mundo "real", fora dela (um processo que inclui pesquisas, observações, (re) elaborações etc.). As reflexões do autor objetivam, como as reflexões de Geraldi já apresentadas, "colocar um fim à prática da redação escolar, para substituí-la por práticas de produção de textos que façam sentido, embora, na escola, algum tipo de simulação seja inevitável".[17]

Dessa forma, Possenti defende a ideia de que a reescrita é a forma mais eficaz "de aprender a escrever textos que não contenham características que os tornem pouco aceitáveis ou mesmo inaceitáveis". Revisar/reescrever, adverte, inclui corrigir, mas com diferenças:[18]

a) em primeiro lugar, *corrigir* supõe compreender o que houve, quais as razões de um "erro" – que é a melhor forma de passar de uma etapa a outra do saber do aluno;
b) *revisar* é ir além de corrigir, porque pode significar também alterar o texto em aspectos que não estão "errados".

O analista discute longamente a noção de *escrever certo*, analisando a natureza dos "erros" de ortografia. Sabe-se que essa questão aflige professores e pais de alunos, por conta de a sociedade atribuir uma importância exagerada ao domínio da ortografia, taxando de "incapazes" aqueles que cometem infrações nesse domínio (o que comentamos na análise da charge do Provão).

No que diz respeito à noção de *escrever bem*, Possenti retoma considerações sobre autoria ("indícios de autoria") realizadas em diferentes trabalhos (aos quais nos referimos em outros momentos), afirmando que não basta que um texto satisfaça exigências de ordem gramatical e textual para ser um texto de autor. Em outras palavras: um bom texto deve incluir marcas de autoria, isto é, traços que lhe deem mais densidade, como "certas palavras com conotações claras de um certo tipo, certos adjetivos ou advérbios que pareçam expressar pontos de vista subjetivos, alusões a outros textos ou a personagens etc.".[19]

Consideramos que o trabalho de Possenti preenche a lacuna apontada acima, qual seja, a de inexistência de discussões sobre a revisão e reelaboração de textos, que muito contribuiriam para a formação de um aprendiz (incluindo o professor) capaz de distanciar-se daquilo que escreve, avaliar seus erros e acertos, e retomar o texto, reescrevê-lo a fim de torná-lo (mais) adequado e eficaz.

Levando em conta as considerações de Possenti, apresentamos a seguir alguns exemplos de reescrita de textos. É importante ressaltar que são atividades que podem ser desenvolvidas de forma individual (no diálogo "particular" aluno-professor) ou coletiva (professor e a turma de alunos). Em ambos os casos, algumas ressalvas se fazem necessárias:

a) trata-se de intervenções que não descaracterizam o texto do aluno, isto é, não silenciam seu *querer dizer* (sobrepondo a ele a voz do professor), mas procuram enriquecê-lo, torná-lo adequado (as noções de *correção* e de *escrever bem*);

b) no caso de reescrita coletiva, o aluno cujo texto é selecionado precisa ser previamente consultado a fim de autorizar sua "divulgação", o trabalho de revisão e reescrita a partir do que produziu;

c) as decisões devem ser tomadas em conjunto com os alunos.

Outra observação: acompanhar os alunos na escrita e reescrita de textos, ou seja, escrever e reescrever textos com eles, é uma forma de o professor, também, *praticar a escrita*. Sabe-se que pouco ou nenhum tempo tem o professor para isso, por conta do número excessivo de aulas que precisa assumir. Dessa forma, não só os alunos se ocupariam com a escrita, mas também o professor, que entraria na "roda de escritores", compartilharia seu texto, trocaria ideias. Essa participação direta, além de motivar os alunos, é bastante produtiva.

## Uma redação escolar

Comecemos com um texto que, provavelmente, provocaria reações negativas em muitos professores. Trata-se de uma redação produzida para a prova do Saresp (Sistema de Avaliação de Rendimento Escolar do Estado de São Paulo), ano de 2003. Observem-se a proposta e o texto do aluno:

## PROVA DE REDAÇÃO

**Instruções específicas para a Redação:**

1. Como você sabe uma narrativa é uma história contada por um narrador. Você poderá também contar uma história.
2. Faça um rascunho de 15 a 20 linhas.
3. Passe o rascunho a limpo com letra regular e legível.

(Faulkner, Keith; Lambert, Jonathan. **Essa Não! Um livro gigante cheio de surpresas**. São Paulo: Companhia das Letrinhas, 1992)

4. Conte sua história continuando a frase.

*"Guardei este envelope por tanto tempo que não me lembrava mais dele..."*

# Redação

○ Guarder este envelope por tonto tempo que não me lembraro mais dele..."

Quarto tempo que eu não encontro eçe envelope.

Ele esta muito velho, echo que roapri, então ele apriu o envelope quado ele apriu Viu aque a sua a vovo escrevi para você.

Ele não repodeu a sua vovo ele ficou muito trite,

Então ele teve uma ideia eu vou escreve para a minha vovo eli escreve, escreve então ficou esperedo,

Mais nada de sua vovo respode então ele secreve dinoro.

Depo de uma semana ele recebeu um emelope e quei Tia madado pro a vovo então ele ficou muito feliz

176 Professor, leitura e escrita

O primeiro passo a ser dado é a revisão ortográfica do texto, que pode ser feita juntamente com os alunos. Trata-se de uma etapa necessária e presente em práticas de escrita que ocorrem no dia a dia. Realizá-la não é o mesmo que riscar e contar os "erros", substituindo-os pelas formas corretas, mas fazer uma adaptação do texto às normas vigentes da escrita. Nessa etapa, é importante que o professor discuta com os alunos o que leva o autor da redação a escrever as palavras da forma que escreveu, procurando entender as razões dos "erros". A discussão permite mostrar que se trata de ocorrências naturais no processo de aquisição de escrita e não, como a escola costuma considerar, fruto de alguma deficiência mental. Nas palavras de Possenti:[20]

> Os professores conhecem muito bem o problema dos erros de grafia. Mas, eventualmente, pode ser que os avaliem de forma simplificada, até mesmo equivocada. Por exemplo, podem achar que se trata de um conhecimento que os alunos deveriam incorporar rapidamente – o que pode não ser verdade. Ou podem achar que, fazendo certos exercícios, os alunos deveriam aprender a grafia de uma vez por todas – o que pode não ser verdade. Ou podem achar que a permanência desses erros denuncia falta de cuidado – o que pode até ser verdade, em parte – **ou indícios de problemas psicológicos, neurológicos, auditivos – o que quase nunca é verdade** (grifo acrescentado).

Vejamos, então, os problemas de grafia presentes na redação do aluno. Para discuti-los, vamos agrupá-los nas seguintes categorias:

1. **transcrição da fala**
   Nesse caso, é a pronúncia do aprendiz que serve de referência para a escrita (hipótese fonética): o aluno erra a forma ortográfica porque se baseia na forma fonética. No caso da redação do aluno, encontramos:
   • supressão do **R** final em *escreve* (linha 10) e *respo(n)de* (linha 13), por conta de não haver o som correspondente em sua fala;
   • em *quado, repodeu, respode* e *madado* e *quei* aparece somente a vogal para indicar o som nasalisado, suprimindo a consoante M ou N;
   • emprego de duas vogais ao invés de uma (em MAIS, linha 13), porque é assim que pronuncia essa palavra.

## 2. emprego indevido de letras

O aluno, para representar o som de uma palavra, escolhe uma letra, que é possível no sistema ortográfico, quando esse sistema usa outra letra. Exs: *eçe* (por eSSe), *emcontro* (por eNcontro).

## 3. "troca", supressão ou acréscimo de letras

repodeu, trite (supressão do S);
grardei, grarto (troca de letras: guardei e quanto);
aprir (troca de letras p/b).

Em relação à grafia *aprir*, é importante ressaltar que se trata de um "erro" comum (e normal), previsível no processo de aquisição de escrita. Isso porque as duas consoantes são oclusivas bilabiais, articuladas no mesmo ponto, mas quando produzidas podem vibrar (som sonoro B) ou não (som surdo P) as cordas vocais. De acordo com Cagliari:[21]

> é interessante notar que o erro consiste normalmente em preferir as surdas (ou aquilo que a criança categoriza como surdas) às sonoras; e por quê? Ela [a criança] não tem como referência o conhecimento prévio da escrita da palavra; então resolve sua dúvida pronunciando-a. [...] Então sussurra as palavras ao escrever. O sussurro é um tipo de fonação diferente da produção de sons surdos ou sonoros. Por sua própria natureza, um som sussurrado é mais semelhante a um som surdo do que a um som sonoro.

De fato, o que se observa é a grafia do P (som surdo) no lugar do B (som sonoro). É importante observar que a criança que faz "trocas" como essa não teria dificuldade em entender o enunciado *vou **abrir** o envelope*, mesmo que figurasse em textos escritos.

## 4. segmentação

voapri
dinovo

Nesse caso, o aluno adota o critério fonético para fazer a segmentação, pois ainda não conhece os critérios de que se vale a escrita para fazê-la. Assim, apoia-se no grupo tonal (unidade de informação carreada na fala por um conjunto de sons), o que, com frequência, faz com que segmente menos do que exige a escrita.

# 178 Professor, leitura e escrita

É importante ressaltar que, embora o texto apresente inúmeras grafias não padrão, sua leitura pode ser feita sem grandes problemas pelo professor. Isso é fundamental para que se inicie o trabalho de revisão e reescrita.

Depois dessa primeira revisão conjunta, a redação do aluno ficaria assim:

> Guardei este envelope por tanto tempo que eu não me lembrava mais dele. Tanto tempo que eu não encontro esse envelope.
> Ele está muito velho, acho que vou abrir. Então ele abriu o envelope. Quando ele abriu viu que a sua vovó escreve para você.
> Ele não respondeu a sua vovó ele (ela) ficou muito triste.
> Então ele teve uma ideia eu vou escrever para a minha vovó, escreve escreve então e ficou esperando. Mas nada de sua vovó responder, então ele escreve de novo.
> Depois de uma semana ele recebeu um envelope e quem tinha mandado era a vovó. Então ele ficou muito feliz.

Após a revisão ortográfica, o texto pode ser objeto de outras reescritas. Para isso, é importante que o professor analise o que o texto revela acerca dos conhecimentos linguísticos do aluno, o que este sabe sobre o gênero em que o texto deveria ser produzido, os elementos que o compõem, bem como os recursos que poderiam ser usados para contar a história, o que se pede na proposta.

Como se vê, no que diz respeito à voz que narra, o aluno atende apenas parcialmente ao que lhe é proposto. Isso porque inicia sua narrativa em primeira pessoa, isto é, o narrador como personagem da história, e depois muda a voz narrativa, passando a narrar na terceira pessoa ("Tanto tempo que **eu** não encontro esse envelope. Ele está muito velho, acho que **vou** abrir. Então **ele** abriu o envelope"). O que teria levado o aluno a mudar o foco narrativo?

Pode-se dizer que a troca revela uma dificuldade de muitos aprendizes, qual seja, a de demarcar as vozes que os textos veiculam. No caso de gêneros narrativos, trata-se, sobretudo, do trabalho com diferentes formas de discurso relatado (discurso direto, discurso indireto e discurso indireto livre), que exige a mobilização de recursos como a seleção de verbos *dicendi*, o emprego de determinados sinais de pontuação e tempos verbais, dentre outros. Observe-se que o trecho destacado apresenta a voz da personagem, aquilo que pensa ao se deparar com o misterioso envelope, o que exigiria um distanciamento entre essa voz e a do narrador, que conduz a narrativa.

Outra dificuldade se refere à separação entre a narrativa e a situação de enunciação. A primeira diz respeito ao momento e o lugar dos acontecimentos narrados; a última, ao momento e o lugar a partir dos quais o narrador enuncia. Ao dar continuidade ao enunciado da proposta ("Guardei esse envelope por tanto tempo que não me lembrava mais dele"), o aluno, logo no início do texto, "embaralha" os dois planos ao empregar o verbo no presente e um dêitico espacial que ancora o enunciado à situação de enunciação ("Tanto tempo que eu não **encontro esse** envelope"). O enunciado seguinte, que veicula o pensamento da personagem – "Ele está muito velho, acho que vou abrir" – também está associado à situação de enunciação (o eu-aqui-agora).

Ao retomar o plano da narrativa, que exige um distanciamento do aqui-agora, o aluno não consegue manter o foco na primeira pessoa. Isso faz com que adote a terceira pessoa para continuar a história (Então **ele** abriu o envelope). A dificuldade de separar os planos, de transitar entre eles, também explica a ocorrência da forma *você* no enunciado seguinte:

Quando ele abriu viu que a sua vó escreve para **você**.

A partir desse ponto, o aluno adota o foco em terceira pessoa, a narrativa se desenvolve não mais em torno da personagem-narrador, mas de um outro – o menino – cujas aventuras o narrador revela ao leitor mantendo distância em relação a elas (o que parece ser mais tranquilo para ele). Para o aluno, trata-se não de contar a "sua" história, (o que aparece na proposta), mas a história de um menino.

Em relação a outros aspectos do texto narrativo, a redação do aluno revela que ele conhece traços constitutivos desse tipo de texto, como a progressão temporal entre os acontecimentos relatados (marcada por "então", "depois de uma semana"), o clímax (a avó não responde), o desfecho (o recebimento da resposta, a alegria do menino). No entanto, a leitura do texto mostra que esses elementos não foram trabalhados, isto é, apenas aparecem de passagem, inexiste o "tecer da intriga", a mobilização de recursos objetivando conferir densidade ao texto, torná-lo reportável.[22]

É interessante observar que a redação pouco fala sobre a personagem central da história bem como sobre as razões que a teriam levado

180 Professor, leitura e escrita

a guardar o envelope em segredo (ou esquecido dele simplesmente). Parece que o aluno tem pressa em terminar o texto, desobrigar-se da "tarefa". Embora a situação seja artificial, trata-se de uma avaliação, não podemos esquecer que a escola tem como uma de suas finalidades dar as condições necessárias para que os alunos escrevam textos adequados a diferentes situações, atendendo a exigências próprias de cada situação. Nesse sentido, Possenti adverte:[23]

> embora a escola, frequentemente, imponha normas mais ou menos arbitrárias (escrever vinte linhas em uma hora), é importante considerar que também fora da escola há normas bastante rígidas para a escrita: autores e textos devem obedecer a um conjunto de normas mais ou menos explícitas, segundo a instituição a que pertencem, segundo o veículo em que os textos vão ser publicados etc.

Sobre o "tecer da intriga", é interessante retomar aqui um trabalho de Geraldi.[24] Ao "testar" leituras que professores e graduandos em Letras fazem do texto de um aluno,[25] o autor percebe que são "leituras de professores", isto é, preocupadas em tomar o texto apenas como um espaço de trabalho com questões de gramática, que se traduziria em atividades de estudo de ortografia, sinais de pontuação, conjugação verbal etc. Segundo o autor, os professores e alunos pesquisados não demonstraram qualquer interesse em saber como havia sido o dia do aluno (o título da redação era "Meu dia"), as informações apresentadas foram suficientes. Nas palavras de Geraldi:[26]

> A tarefa que se propõe ao aluno, portanto, é de um relato que não valerá como relato para alguém interessado no que ele fez durante o dia; é um relato que deve mostrar que manuseia recursos expressivos sem que do outro lado haja alguém que considerará os resultados de tal manuseio, mas que tomará os próprios recursos expressivos como objeto de leitura. Opacifica-se o texto, pois não importa com que intenções se trabalhou com a linguagem; importam, na leitura, os esmiuçamentos dos recursos, nada mais.

Ainda segundo Geraldi, se houvesse curiosidade, deveriam ser feitas algumas perguntas ao texto (por exemplo: afinal você acordou no horário de sempre? alguém o chamou? como você acorda?). A resposta a tais perguntas determinaria reescritas em que seria necessário lançar mão de operações de adição, de substituição, de detalhamento etc. Como vimos, essas operações fazem parte de práticas de escrita tal como ocorrem fora da escola (os manuscritos de Graciliano Ramos e Mário de Andrade exemplificam essas operações) e deveriam ser adotadas a fim de dar sentido a atividades de produção de escrita desenvolvidas no espaço escolar.

Levando em conta as sugestões de Geraldi, como seria uma leitura mais curiosa da redação do aluno? Que perguntas podem ser feitas ao texto para que o leitor tenha mais informações a respeito, por exemplo, do menino da história? Abaixo aparecem algumas sugestões que poderiam surgir na leitura conjunta do texto (professor e alunos):

> Por que o envelope foi guardado por tanto tempo? Foi apenas esquecimento?
> O menino morava longe da avó? Morava com os pais? Como era a avó? Eles eram amigos?
> Como é o menino? Tem muitos amigos ou gosta mais de ficar sozinho?
> Por que o envelope foi esquecido?
> O que o menino escreve para a vovó?
> Por que a avó não responde à primeira carta?
> O menino ficou feliz com aquilo que a avó conta na carta? O que a avó escreve para o menino?

As diferentes respostas, que possibilitam enriquecer o texto com informações importantes sobre o cenário, a intriga e personagens, demandam que o texto seja reescrito. Para exemplificar, vejamos como poderia ser respondida a primeira questão. Como o trecho dá continuidade ao enunciado da proposta, o narrador aparece na primeira pessoa:

> Guardei este envelope por tanto tempo
> que não me lembrava mais dele.

1. Tinha um segredo da vovó e por isso eu guardei bem escondido.
2. Guardei porque tinha um segredo da vovó.
3. Guardei para ninguém ler o que estava escrito nele.
4. Guardei porque foi preciso: ninguém podia ler o que estava escrito nele!
5. Acho que não queria mesmo lembrar, por isso acabei esquecendo. Ninguém podia saber o que estava escrito nele / naquele envelope.

182  Professor, leitura e escrita

6. ...ou será que não queria mais lembrar? Quando penso naquele
dia, quando escondi o envelope, fico triste...
, fico triste de novo!
, ainda fico triste.
, bate uma tristeza!

Dessa forma, muitas poderiam ser as possibilidades de resposta. Cabe
ao professor discutir com os alunos cada uma delas, aquelas que seriam
mais interessantes "adicionar" ao texto, os efeitos que produziriam. Assim,
as sugestões permitem enriquecer a trama, uma vez que apresentam um
elemento que pode gerar o efeito de suspense, importante para prender
a atenção do leitor, fazer com que acompanhe com interesse o desenrolar da narrativa: o envelope foi "esquecido" por conta de nele existir
um segredo. Em 1 e 2 já se explicita o motivo de o envelope ter sido
guardado por muito tempo: guardei porque tinha um segredo da vovó.

No caso de a escolha recair sobre as outras sugestões, o segredo
aparece apenas indiciado, a figura da avó sequer é mencionada, o que
contribui para construir o efeito de suspense: o que estaria escrito? de
quem seria o segredo? Observe-se que em 4 o tom categórico do enunciado (foi preciso) confere gravidade ao que é dito, acentuando ainda
mais esse suspense. O uso dos dois pontos, além de sinalizar que aquilo
que foi dito será estendido, sinaliza também a importância do que será
dito em seguida ("Ninguém podia ler o que estava escrito nele"). O sinal
escolhido para fechar o enunciado (!) aponta para um envolvimento maior
da voz que narra em relação àquilo que está contando.

Em 5 e 6, outras possibilidades surgiriam, até mesmo uma reescrita
que permitiria caracterizar melhor a personagem central da história. Isso
porque a caracterização/detalhamento não precisa ser feita necessariamente por meio de traços e qualidades atribuídas de forma direta (como em
"ele era esquisito/ diferente/cheio de segredos"), mas através de outros
elementos que compõem a narrativa. Dessa forma, o enunciado "acho
que não queria lembrar" remete a uma fonte enunciativa que avalia seu
próprio comportamento, o que confere à personagem um caráter reflexivo
(inexistente nas sugestões anteriores), ainda mais forte se o enunciado
escolhido fosse "ou será que não queria mais lembrar?".

Acrescentando o trecho 6, o texto ganharia outras informações, tanto no que diz respeito ao relato como à voz que o conduz. A ação de

guardar o envelope é retomada por *esconder*, que constrói sentidos que reforçam o que já tinha sido apontado anteriormente: trata-se de um segredo importante. A gravidade do que o narrador está prestes a contar mostra-se também no enunciado seguinte: só de pensar ele ficava triste.

É importante observar que há diferenças entre as sugestões "fico triste" ou "ainda fico triste". Na primeira, a lembrança do ocorrido provoca tristeza no menino; o uso de *ainda*, na segunda, sugere que a tristeza vem de muito tempo. Esse último enunciado também contribui para caracterizar a personagem como um menino introvertido.

Vejamos agora o trecho em que o menino, preocupado com o silêncio de sua avó, resolve escrever para ela. Retomando o texto:

> Então ele teve uma ideia eu vou escrever para a minha vovó, escreve escreve então e ficou esperando. Mas nada de sua vovó responder, então ele escreve de novo.

Vale notar que o trecho confirma a hipótese segundo a qual o aluno "trocou" a voz narrativa por conta de não conseguir operar com o mesmo foco (no caso, a primeira pessoa) no plano do narrado e no plano da narração (a situação de enunciação). Assim, ao plano do narrado associa um **ele**; ao da narração, um **eu**, a personagem central da história, cujo pensamento é veiculado no trecho ("eu vou escrever para a minha vovó"). Essa fala, da forma que aparece "misturada" à voz do narrador, pode perturbar a coerência do trecho. Aqui seria interessante propor sua reescrita, discutindo com os alunos a questão da separação das vozes, quando isso se faz necessário, os recursos que devem ser mobilizados para a demarcação.

Dentre esses recursos, os sinais de pontuação contribuem de forma significativa na sinalização das vozes presentes no texto, o que permite que o leitor acompanhe a narrativa sem problemas. O professor deve lembrar os alunos de que outros lerão a história e que precisarão, muitas vezes, desses sinais para fazer a leitura, uma vez que, ao contrário dos alunos, estarão afastados do contexto no qual o texto foi produzido.

Retomando o trecho em que o menino escreve para a avó, é interessante observar que apresenta um recurso bastante expressivo que permite *mostrar* que o menino escreveu várias linhas para a avó – a repetição da forma *escreve*, como aparece a seguir:

> Então ele teve uma ideia eu vou escrever para a minha vovó, *escreve escreve* então e ficou esperando. Mas nada de sua vovó responder, então ele escreve de novo.

Nas atividades de reescrita, não se pode deixar de apontar os pontos positivos do texto, o que permite aos alunos observarem os conhecimentos (muitos deles sofisticados) que já têm sobre a língua. Muitas vezes, a reescrita não é bem recebida por conta de o aluno associá-la a momentos em que constata que "não sabe português", o que acaba por afastá-lo de práticas como a de revisar e reescrever o texto. Ao contrário, em atividades conjuntas, como as que aqui defendemos, surgem oportunidades não só de mostrar que a ocorrência de formas não padrão é natural (e até previsível) no processo de aquisição da escrita, como também de apontar as marcas de autoria presentes no texto produzido.

Levando isso em conta, o trecho grifado não precisaria ser submetido à reescrita, pois contribui para construir o efeito de prolongamento da ação relatada, a saber, a escrita da carta, sugerindo que a personagem escreveu várias linhas para a avó. Poder-se-ia, no entanto, propor o desenvolvimento de outros aspectos que foram "esquecidos", como os momentos que sucedem o envio da carta, a espera da resposta, a decisão de tentar novamente.

Com essas breves considerações, esperamos ter mostrado que os textos produzidos pelos alunos são o melhor material de que dispõe o professor para trabalhar a reescrita, etapa necessária no processo de aprendizagem e produção de textos.

## A demarcação de vozes no gênero resenha acadêmica

Quando refletimos sobre o gênero resenha, ressaltamos algumas de suas coerções, como a necessidade de o resenhista lançar mão de recursos (aspas, modalização em discurso segundo) que sinalizem a demarcação do que é dito por ele e aquilo que diz o autor do texto resenhado. Outro ponto importante refere-se à leitura do texto-base: para resenhar um texto é preciso compreendê-lo, não é possível dizer aquilo que disse um outro sem compreender o que esse outro disse ou procurou dizer. Levando em conta essas questões, observemos a resenha a seguir:

> A autora cita no texto a educação e o ensino como ponto fundamental na vida do aluno, os pontos mais citados no texto são o analfabetismo adulto e pouca habilidade de ler e escrever atribuída há indivíduos que passaram pouco tempo em escolas.
>
> Ela usa o exemplo do menino Joelso, criança de classe baixa, como muitas outras, que na maioria das vezes são vistas com olhos desfavorecidos por não saber organizar suas ideias no papel, sabem dialogar porém se deparam com a dificuldade de colocar no papel suas ideias, só nós seres humanos usamos linguagem oral , escrita ou gestual.
>
> A autora da a entender que não é mais ensinado à crianças a linguagem oral, isto para uma criança na fase inicial de aprendizado é muito importante, pois garante á ela o direito de participar de práticas sociais de leitura, escrita e eventos de variados estilos, percebe-se que a autora instiga o professor, para que ele tenha a iniciativa de provocar em seus alunos o amor pela leitura e escrita.

O texto é uma resenha de um artigo de autoria da linguista Maria Laura Mayrink-Sabinson, publicado na Revista *Leitura Teoria & Prática*. Apresenta uma série de inadequações, que podem ser resolvidas submetendo o texto à reescrita. Em princípio, pode-se "corrigi-lo", fazer uma revisão com a finalidade de eliminar problemas básicos (de ortografia, acentuação, concordância etc.). Depois dessa primeira revisão o texto poderia ficar assim:

> A autora cita no texto a educação e o ensino como pontos fundamentais na vida do aluno. Os pontos mais citados no texto são o analfabetismo adulto e a pouca habilidade de ler e escrever atribuída a indivíduos que passaram pouco tempo em escolas.
>
> Ela usa o exemplo do menino Joelso, criança de classe baixa, como muitas outras, que na maioria das vezes são vistas com olhos desfavorecidos por não saber organizar suas ideias no papel, sabem dialogar, porém se deparam com a dificuldade de colocar no papel suas ideias. Só nós seres humanos usamos linguagem oral, escrita ou gestual.
>
> A autora dá a entender que não é mais ensinada a crianças a linguagem oral, isto para uma criança na fase inicial de aprendizado é muito importante, pois garante a ela o direito de participar de práticas sociais de leitura, escrita e eventos de variados estilos. Percebe-se que a autora instiga o professor para que ele tenha a iniciativa de provocar em seus alunos o amor pela leitura e escrita.

No entanto, essa primeira reescrita não é suficiente: o texto continua não adequado, no sentido de não estar *bem-escrito*. Isso porque não fica claro para o leitor o que a autora do texto-base discute no artigo, as ideias que defende (o que comprova que reescrever é bem mais que corrigir). Isso implica a necessidade de outra(s) reescrita(s) a fim de eliminar o que perturba a atribuição de sentidos à resenha. Para isso, é preciso observar que aspectos de organização do texto estariam comprometendo sua legibilidade e eficácia.

No que diz respeito à demarcação de vozes, observa-se que o aluno procurou sinalizar para o leitor o que é dito pela autora do artigo, separando sua voz daquela que veicula. Para isso, emprega, sobretudo, a expressão *a autora* seguida de verbos que indicam as ações (afirmar, criticar, rejeitar etc.) que teriam sido realizadas em diferentes trechos do artigo. Observem-se as passagens abaixo:

> *A autora cita* no texto a educação e o ensino [...]
> *Ela usa* o exemplo do menino Joelso [...]

Pode-se dizer que a seleção dos verbos é um dos aspectos que afeta a compreensão do texto, uma vez que os selecionados não se harmonizam com o todo dos enunciados que compõem, provocando um efeito de "estranhamento" no leitor. No caso do verbo *citar,* por exemplo, inexiste qualquer referência a textos ou a outros autores, o que justificaria sua ocorrência. O mesmo se dá com a seleção do verbo *usar* para fazer referência ao ato de fala da autora do texto-fonte ao apresentar o exemplo do menino Joelso.

Além dos verbos, a seleção de outras palavras/expressões, em determinados trechos, compromete a relação de sentido entre essas palavras e outras a elas contíguas, como se pode verificar nas seguintes passagens:

> os pontos mais *citados* no texto são o analfabetismo adulto [...]
> criança de classe baixa, como muitas outras, que na maioria das vezes são vistas com olhos *desfavorecidos* por não saber organizar suas ideias no papel [...]

Assim, trata-se de trechos que merecem ser reescritos. Os enunciados abaixo apresentam alternativas a que se poderia chegar depois de um trabalho de reescrita coletiva:

*Para a autora*, a educação e o ensino *são* pontos fundamentais na vida do aluno...

No texto, *a autora afirma* que a educação e o ensino são fundamentais na vida do aluno...

Os pontos mais *discutidos* no texto são...

*A autora reflete* longamente/detidamente sobre ...

Como exemplo, *ela menciona* o caso do menino Tiago, ...

*A autora dá como exemplo* o caso do menino Tiago...

[...] que na maioria das vezes são *vistas com preconceito*...

[...] que na maioria das vezes são *discriminadas*...

Outro aspecto que merece ser observado é a presença de contradições entre o dito atribuído à autora do texto-base e as expectativas do leitor da revista em relação ao que essa autora (ou outro linguista) diria sobre questões ligadas à língua e a seu ensino. Observe-se o seguinte trecho:

> A autora dá a entender que não é mais ensinado a crianças a linguagem oral, isto para uma criança na fase inicial de aprendizado é muito importante, pois garante á ela o direito de participar de práticas sociais de leitura, escrita e eventos de variados estilos, percebe-se que a autora instiga o professor, para que ele tenha a iniciativa de provocar em seus alunos o amor pela leitura e escrita.

Ao iniciar o enunciado por *a autora dá a entender*, o resenhista sinaliza sua dúvida em relação ao que teria sido dito no trecho que procura resenhar. Observe-se que isso não ocorre em outras passagens de seu texto, nas quais os verbos selecionados para veicular o dizer da autora apontam para uma interpretação inequívoca do resenhista sobre esse dizer (a autora **cita**, ela **usa**, a autora **instiga**).

Em seguida ao enunciado, aparece a sequência *isto para uma criança na fase inicial de aprendizado é muito importante*, em que não fica claro a quem atribuir a responsabilidade pelo que é dito. Quem fala nesse trecho? Uma linguista, cujo texto é publicado por uma revista conceituada como a que veiculou o artigo, não afirmaria que a linguagem oral precisa ser ensinada às crianças. O provável é que tenha ocorrido um "erro" de leitura, uma dificuldade de compreensão que, inclusive, foi indiciada na sequência anterior (*a autora dá a entender*). Para confirmar tal hipótese, basta ler o trecho do artigo em questão:

> Ninguém mais pensa que se ensina a linguagem oral às crianças pequenas. A linguagem oral vai surgir na interação da criança com outros usuários da linguagem, na prática de atividades linguísticas que se dá no social. Por que pensar, então, que se ensina a linguagem escrita às crianças um pouco maiores? O que seria importante seria garantir à criança o direito de participar de práticas sociais de leitura e escrita, de viver eventos de letramento variados, de exercer a leitura e a escrita o mais amplamente possível.

A leitura do trecho comprova que o aluno não compreendeu aquilo que a autora do artigo afirma a respeito do ensino da linguagem oral. Daí se afirmar que, para fazer uma resenha (uma resenha razoável), é necessário entender o que foi dito no texto que se pretende resenhar. Produzir uma resenha (assim como resumos) exige, assim, não só habilidades de escrita como também de leitura, o que torna mais complexa sua produção.

Voltando ao texto: o trecho precisa ser reescrito observando a manutenção da equivalência semântica entre a resenha e o texto-base. Pode-se chegar às seguintes versões:

> De acordo com a linguista, a ideia de que se ensina linguagem oral às crianças pequenas ficou para trás. A linguagem oral surge "na interação da criança com outros usuários da linguagem, na prática de atividades linguísticas que se dá no social".

> Fazendo um paralelo entre o ensino da linguagem oral e da linguagem escrita, a autora afirma que, assim como a primeira, que não é ensinada às crianças pequenas, a aquisição e desenvolvimento da segunda se dão no social, isto é, na participação em "eventos de letramento variados".

Atividades como as sugeridas, isto é, voltar ao texto para fazer ajustes, são comuns em nossas práticas de escrita. Sua adoção pela escola aproximaria os dois "mundos", tornando a escrita no espaço escolar mais significativa e, sem dúvida, mais produtiva.

## Mudança de *ethos*

Em nossa discussão sobre as estratégias de dizer, ressaltamos a importância de o *ethos* estar em harmonia com o gênero em que o texto é produzido. Uma atividade interessante seria a reescrita de textos inadequados no que diz respeito ao *ethos* previsto pelo gênero ou contexto de produção. Observem-se os seguintes comentários postados em um blog:

> Achei ótima a tirada q vcs tiveram, com o lance do "tiozão", mas tem um erro para mim, cabe vcs avaliarem: Não tem cara de tiozão, mas acelerou...O Mas é completamente desnecessário e contradiz a mensagem que vcs quiseram passar. O correto seria: Não tem cara de tiozão, acelerou... Ou ainda: Não tem cara de tiozão, e acelerou...

> Esse último ai... Não entendeu nada! Nada a ver o comentário. Vê se entende agora, presta MUITA atenção: O "mas" é usado corretamente. Se você não percebeu os cantores SÃO tiozões. É exatamente a intenção da propaganda. Mesmo o carro "não tendo cara de tiozão", os tiozões também gostam dele. Entenda algo corretamente antes de criticar. A propaganda é criativa e bem bolada.

Trata-se de observações sobre a correção gramatical de uma peça publicitária, texto que discutimos na primeira parte deste livro. Para facilitar a discussão, voltamos a transcrevê-la:

> Não existe idade pra cair na tentação
> Tanto que um belo dia algo chamou minha atenção
> Um carro prateado, descolado, todo bonitão
> Mas será que é pra mim algo tão moderno assim?
> Não tem cara de tiozão, de tiozão ...
> Não tem cara de tiozão
> Mas acelerou meu coração

Como vimos, o emprego do MAS (último enunciado) gera um certo estranhamento em alguns comentadores, uma vez que estes relacionam esse operador argumentativo a sequências diferentes daquela em que figura o que aparece no texto da propaganda. Nas gramáticas normativas, os exemplos dados são frases sem contexto, ou melhor, que têm como contexto o livro de gramática, o que faz com que sua interpretação seja "tranquila".

Ao contrário, os enunciados da "língua viva" não surgem do nada, mas no interior de diferentes esferas sociais; não se encontram isolados, dialogam com outros em relação aos quais se constituem. No caso da campanha publicitária, o enunciado "não tem cara de tiozão", interpretado de acordo com as regras conhecidas pelo autor do primeiro comentá-

190  Professor, leitura e escrita

rio, não deveria ser seguido por outro iniciado por MAS, por conta de caracterizar uma contradição. Esse raciocínio seria, digamos, o seguinte:

O carro acelerou o coração

Logo

(o carro) Tem cara de tiozão

O autor do segundo comentário rebate a leitura e crítica do primeiro, afirmando que o MAS está usado de forma correta, uma vez que "mesmo o carro não tendo cara de tiozão, os tiozões também gostam dele". Sua leitura revela que levou em conta o contexto da campanha ("os cantores são tiozões") para apreender o que não está explicitado na superfície do texto. Nos termos de Ducrot, teríamos:

não tem cara de tiozão
(logo) não vai despertar a atenção de tiozões
mas acelerou meu coração (argumento mais forte)

A resposta é dada em um tom irônico e agressivo, como se o locutor estivesse se dirigindo a um ignorante, um sujeito incapaz de perceber o óbvio. Para atribuir ao locutor esse *ethos* irônico e agressivo, o leitor se apoia em índices como:

- a forma selecionada para fazer referência ao outro comentarista: *esse último aí;*
- avaliações negativas que "rebaixam" o outro: *Não entendeu nada! Nada a ver o comentário, Entenda algo corretamente antes de criticar;*
- grafia em maiúscula de certas palavras: *presta MUITA atenção, SÃO tiozões.* Tal recurso sugere como as palavras foram pronunciadas, seu modo de realização fônica, a saber, enfatizadas, a fim de "ajudar" o leitor a compreender os enunciados.

Vale ressaltar que esse *ethos* se harmoniza com o caráter polêmico da resposta, contribuindo, inclusive, para a eficácia do texto. No caso de o confronto não ser pretendido, o *ethos* agressivo seria inadequado.

Suponhamos, por exemplo, que a resposta fosse dada pelo responsável, o criador da campanha publicitária. Como o texto deveria ser reescrito? Nessas condições, que *ethos* estaria compatível com o teor do texto?

Observe-se que a última questão remete ao que já discutimos anteriormente, a saber, a importância daquele que escreve interpretar de forma adequada as condições de produção de seu texto. Retomando Franchi:

> dentre os inúmeros recursos de que dispõe, o falante seleciona um ou outro segundo critérios de relevância que ele mesmo estabelece na medida em que interpreta, adequadamente ou não, as condições da produção de seu discurso: como devo parecer quando falo [escrevo]? Para quem eu falo [escrevo]? Com que propósitos e intenções? O que eu posso pressupor e implicitar? etc.

A questão *em que tom devo enunciar?* poderia dar prosseguimento às questões apresentadas por Franchi. No que se refere à reescrita do comentário irônico e contundente, há recursos que podem ser usados para atenuar o que é dito, se se pretende rejeitar a crítica, valorizando tanto a face positiva do locutor como a do destinatário do recado. Isso porque não interessaria ao responsável pela propaganda polemizar com um possível cliente, mas sim conquistar sua simpatia e adesão. Pensando nisso, vejamos algumas alternativas que poderiam ser sugeridas para reescrever o comentário.

A primeira alteração a ser feita seria a mudança na forma de o locutor do texto interpelar seu interlocutor. A forma "esse último aí" não seria nada adequada a uma interação que se pretende amigável e sem conflitos. Nesse sentido, expressões informais como *Olá X* ou *Caro X* seriam mais produtivas.

Para rejeitar a argumentação do leitor sem parecer superior ou mesmo rude, uma boa estratégia seria simular uma aparente concordância com o que foi dito por ele (estratégia de concordância parcial) e só depois contra-argumentar, apresentando a leitura "correta" do texto. Brandão assim define essa estratégia:[27]

> o locutor procura estabelecer uma ponte que o ligue empaticamente com o alocutário para conquistar sua benevolência e envolvê-lo na sua trama. Em outros termos, o locutor "mascara" uma mudança de perspectiva, procurando falar do lugar do outro. [...] Nessa busca de envolvimento, o

locutor valoriza o alocutário, avaliando-o positivamente. No entanto, esse movimento de valorização da palavra do alocutário é apenas provisório.

Enunciados como os que aparecem a seguir apresentam possíveis alternativas.

> Você tem razão ao apontar a aparente contradição presente na mensagem da letra. Mas, se reparar bem ...
> Sem dúvida, você fez uma leitura bastante atenta do texto da campanha. Parece-me, no entanto, que não se pode dizer que há um equívoco ...

Em ambos os enunciados, a estratégia de simular uma possível adesão ao ponto de vista defendido pelo outro aparece materializada nas expressões que os iniciam (*você tem razão, sem dúvida*). Note-se que no primeiro enunciado a palavra *contradição* aparece qualificada pelo adjetivo *aparente*, que inscreve sutilmente a perspectiva do locutor, que será explicitada em seguida (*mas..*). No segundo, o uso da forma verbal *parece-me* atenua o ponto de vista a ser apresentado, contrário ao do interlocutor.

Outra mudança necessária, sem dúvida, seria a eliminação das maiúsculas do texto original. Como vimos, essa grafia contribui para construir a imagem de um locutor irritado, pouco propenso ao diálogo.

Em relação ao enunciado que fecha o comentário – *a propaganda é criativa e bem bolada* – sua manutenção poderia provocar o efeito de rejeição do *ethos* do locutor, comprometendo a eficácia do texto. Isso porque o *ethos* está ligado à enunciação e não ao que é dito no enunciado. Nas palavras de Fiorin:[28]

> Em termos mais atuais, dir-se-ia que o *ethos* não se explicita no enunciado, mas na enunciação. Quando um professor diz *eu sou muito competente*, está explicitando uma imagem sua no enunciado. Isso não serve de prova, não leva à construção do *ethos*. O caráter de pessoa competente constrói-se na maneira como organiza as aulas, como discorre sobre os temas etc. À medida que ele vai falando sobre a matéria, vai dizendo *sou competente*.

Dessa forma, se se quer construir o *ethos* de um sujeito digno de confiança e consideração, deve-se organizar o texto de forma a mostrar, pela enunciação, que o locutor tem essas qualidades. Um caminho possível seria a inserção de determinados enunciados que funcionariam como uma pista, uma orientação no sentido de o leitor atribuir traços positivos ao responsável pela campanha publicitária. Observemos a seguinte alternativa:

> Olá X. Que bom que vc gostou da campanha. Agradecemos seu comentário, **mostra que nosso trabalho despertou a atenção de muita gente**.

Note-se que o enunciado grifado não diz explicitamente que o trabalho é bom (assim como o responsável por ele), mas o faz de forma sutil, na medida em que a avaliação aparece relacionada ao próprio comentário do leitor: o fato de se ocupar com a "análise" da campanha prova que esta tem qualidade.

## Retextualização

Como explica Marcuschi,[29] a palavra *retextualização* foi empregada pela primeira vez por Neusa Travaglia, em sua tese de doutorado, para fazer referência à tradução de uma língua para outra. Em *Da fala para a escrita Atividades de retextualização*, o linguista opera com outro tipo de "tradução": o de uma modalidade de língua para outra. Segundo ele:[30]

> igualmente poderíamos usar as expressões *refacção* e *reescrita*, como o fazem Raquel S. Fiad e Maria Laura Mayrink-Sabison (1991) e Maria Bernadete Abaurre ET alii (1995), que observam aspectos relativos às mudanças de um texto no seu interior (uma escrita para outra, reescrevendo o mesmo texto) sem envolver as variáveis que incidem no caso da retextualização tratada neste estudo, preocupado essencialmente com a passagem da fala para a escrita.

A retextualização é também a passagem de um gênero para outro, atividade que contribui para desenvolver habilidades de escrita (e também de leitura). Isso porque exige uma série de reflexões sobre os gêneros e os recursos mobilizados em sua construção. Dependendo do gênero selecionado, determinadas formas linguísticas serão mais adequadas/eficazes que outras. Para exemplificar a mudança de um gênero em outro, observemos o seguinte texto, do gênero coluna de opinião:

O roqueiro Keith Richards, braço armado dos Rolling Stones, admitiu outro dia que cheirou as cinzas do próprio pai, morto em 2002, aos 83 anos. O relato de Richards não podia ser mais cru. Disse que misturou as cinzas de seu pai com cocaína e cheirou tudo junto. E que o velho, se já não estivesse pulverizado, teria achado ótimo. No dia seguinte, a agente do guitarrista, pressentindo um certo mal-estar, tentou desmentir. Segundo ela, Keith estava "brincando". O próprio Richards afinou e disse que, na verdade, usou as cinzas para adubar uma árvore. Não colou. Acho a primeira versão mais de acordo com o junkie sarcástico e cruel que, nos anos 70, se gabava de fazer seu cachorro tomar LSD. Keith Richards está com 64 anos, idade tida como provecta no rock e em toda parte (cf. "When I'm 64", dos Beatles). Dentro de mais um ano, será legalmente um ancião. Se fosse brasileiro, teria direito a passe livre em ônibus e a furar a fila nos bancos. Claro que, seja onde for, nunca precisará gozar desses privilégios, porque é quaquilionário. Mas não será surpresa se, em breve, passar a ser levado por uma babá para tomar sol no jardim, de boina, cachecol e com uma manta quadriculada no colo. A antiga "majestade satânica" dos Stones, que justificaria a ignomínia de cafungar os restos paternos, soa deslocada na boca de um macróbio – parece coisa do tempo em que Dondon jogava no Andaraí. E quero crer que os fãs originais do conjunto evoluíram. Se eram adolescentes em 1964, quando os Stones surgiram, significa que, hoje, terão quase 60 anos. Muitos serão avós. Não devem ter gostado da piada porque sabem que não falta quem siga sugestões cretinas e, de repente, eles estarão sujeitos a ser cheirados por um neto junkie mais afoito.

Fonte: CASTRO, Ruy. Ancião Satânico. *Folha de S. Paulo*, 14 abr. 07.

Depois da leitura, pode-se sugerir que os alunos escrevam o texto noticioso que deu origem à coluna de Ruy Castro. Por suas próprias características, o gênero notícia é menos autoral que o gênero coluna de opinião, o que significa dizer que o texto produzido deverá ser mais "neutro", com poucas marcas de subjetividade. Vejamos agora o seguinte texto, produzido por um aluno:

### Declaração infeliz de Rolling Stone causa polêmica

Uma declaração do guitarrista dos Rolling Stones, Keith Richards, tem causado muita polêmica entre seus fãs. Ele declarou que cheirou as cinzas de seu pai, morto em 2002 aos 83 anos, junto com cocaína. No dia seguinte, vendo o estrago que Richards tinha feito, sua agente falou que ele estava brincando. Ele mesmo disse que usou as cinzas para adubar uma árvore, mas ninguém acreditou. Não é a primeira vez que seu nome é associado a assuntos polêmicos. Para lembrar uma situação do passado, nos anos 70, Richards se gabava de fazer seu cachorro tomar LSD. Atualmente, o rolling stone faz uma participação no filme Piratas do Caribe 3 como o pai do pirata Jack Sparrow (Johnny Depp), e chegou bêbado em várias filmagens.

Segundo especialistas, cheirar cinzas faria mal se virasse um hábito. Eles disseram que há várias doenças causadas pelo acúmulo de pequenas partículas no pulmão. As cinzas do corpo de seu pai não possuíam nenhum pedaço de osso que pudesse furar seu nariz ou obstruir sua respiração. De acordo com a reportagem da revista, o corpo do pai do roqueiro ficou horas em um forno de 1800º C, temperatura que transformaria em pó qualquer fragmento de osso. Ainda de acordo com os especialistas, Keith Richards tem que tomar cuidado com o cigarro e a própria cocaína.

João Marcelo, de 55 anos, cresceu escutando Rolling Stones, e acha que a declaração de seu ídolo foi infeliz. João passou a paixão pela banda para seu filho, Fábio, de 15 anos. Eles foram juntos ao mega-show realizado pelos Stones em Copacabana que contou com a presença de 1 milhão de pessoas. O pai considera que o comportamento do roqueiro pode ser perigoso para seu filho, porque tanto Fábio como outros garotos da idade dele fazem de sua admiração pela banda um estilo de vida.

---

Como se observa, o aluno levou em consideração os traços característicos do texto noticioso para produzir seu texto. Assim, apresentou as informações necessárias para situar o acontecimento (os elementos *o quê, quem, quando, onde*), acrescentando novos dados, avaliados como interessantes (a participação de Richards em um filme). Além disso, incluiu depoimentos de fãs e a fala de especialistas sobre o assunto (outro traço do gênero).

Depois de apontar os muitos acertos do texto, o professor poderia lembrar que pequenas modificações deveriam ser feitas caso o texto fosse encaminhado para um jornal com o objetivo de ser publicado. Professor e alunos se encarregariam, assim, da edição do texto. Alguns pontos que poderiam ser considerados.

- o trecho *chegou bêbado em várias filmagens* (final do primeiro parágrafo) atribui ao locutor-jornalista a responsabilidade pela veracidade da informação, o que não costuma ocorrer em textos produzidos no gênero notícia. O trecho poderia ser substituído por *teria chegado bêbado em várias filmagens.*

- *as cinzas do corpo de seu pai* (segundo parágrafo): o antecedente do pronome **seu** está muito distante, no parágrafo anterior; o ideal seria uma retomada por repetição como *as cinzas do pai do roqueiro.*

- *De acordo com a reportagem da revista* (segundo parágrafo): que revista é essa? Um texto noticioso deve dar informações precisas, dados completos.

Com os exemplos acima, esperamos ter mostrado a relevância de práticas de reescrita na formação de "escritores", sujeitos-autores, capazes de produzir textos adequados e bem-escritos. O professor de Língua Portuguesa pode desenvolver atividades de reescrita como as apresentadas, seja com os textos produzidos pelos alunos, seja com textos que circulam em diferentes esferas sociais.

## Notas

[1] Alcir Pécora, *Problemas de redação*, 4. ed., São Paulo, Martins Fontes, 1992.

[2] João Wanderley Geraldi, *Portos de passagem*, 3. ed., São Paulo, Martins Fontes, 1995, p.61.

[3] Brasil, *Parâmetros Curriculares Nacionais*: terceiro e quarto ciclos do Ensino Fundamental, Brasília, MEC, 1997, p.74.

[4] Brasil, *Parâmetros Curriculares Nacionais*: primeiro e segundo ciclos do Ensino Fundamental, Brasília, MEC, 1997, p.47.

[5] Ver Batista e Rojo (orgs.), *Livro didático de Língua Portuguesa*, letramento e cultura da escrita, Campinas, Mercado de Letras, 2003.

[6] Antonio Augusto Gomes Batista, Roxane Rojo e Nora Cabrera Zúniga, "Produzindo livros didáticos em tempo de mudança", em A. A. Gomes Batista & Roxane Rojo (orgs.), *Livros didáticos de Língua Portuguesa*: letramento e cidadania, Belo Horizonte, Ceale/Autêntica, 2005, p.53.

[7] Luiz Antonio Marcuschi, "Compreensão de texto: algumas reflexões", em Dionísio, Ângela Paiva e Bezerra, M.A. (orgs.), *O livro didático de Português: múltiplos olhares*, 3. ed, Rio de Janeiro, Lucerna, 2005.

[8] Maria da Graça Costa Val, "Atividades de produção de textos escritos em livros didáticos de 5ª a 8ª séries do ensino fundamental", em Roxane Rojo e Antonio Augusto Batista (orgs.), *Livro didático de Língua Portuguesa, letramento e cultura da escrita*, Campinas, Mercado de Letras, 2003, p.151.

[9] Idem, p. 133.

[10] Idem, p. 147.

[11] Idem, p. 149.

[12] P. Dahlet, "A produção escrita. Abordagens cognitivas e textuais", em *Trabalhos de Linguística Aplicada*, Campinas, Editora da Unicamp, 1994.

[13] Os dados foram colhidos de anotações feitas por Raul Lima, presentes em "Sobre Graciliano Ramos", em Sonia Brayner (org.), Coleção Fortuna Crítica *Graciliano Ramos*, 2. ed., Rio de Janeiro, Civilização Brasileira, 1978.

[14] Sírio Possenti, *Aprender a escrever (re)escrevendo*, Coleção Linguagem e Letramento em Foco, CEFIEL/MEC, 2005.

[15] Idem, p.6.

[16] Idem, p.7.

[17] Idem, p.13.

[18] Idem, p.6.

[19] Idem, p.28.

[20] Idem, p.15.

[21] Luiz Carlos Cagliari, *Alfabetização e Linguística*, 10. ed., São Paulo, Scipione, 2006, pp.62-63.

[22] W. Labov em *Language in the Inner City*, Philadelphia, University of Pennsylvania Press, 1972, define narrativa como "um método de recapitulação de experiência passada através de uma sequência verbal de orações correspondendo a uma sequência de eventos que (pode-se inferir) de fato ocorreram". O autor ressalta a necessidade de a história conter elementos que a façam reportável: "se o acontecimento se torna bastante comum, não é mais a violação de uma regra de comportamento esperada, não é mais narrável".

[23] Sírio Possenti, *Aprender a escrever (re)escrevendo*, op. cit., p.14.

[24] João Wanderley Geraldi, "O professor como leitor do texto do aluno", em M. Helena Martins (org.), *Questões de linguagem*, 5. ed., São Paulo, Contexto, 1996.

[25] O texto é o seguinte: "Eu acordei e fui escovar os dentes e depois fui toma café. Ai eu fui arruma a minha cama. E depois fui joga bolinha e depois fui joga bola. E depois eu fui anda de bicicleta e depois eu fui au moça ai eu fui asidi televisão. E depois eu tomei banho e fui faze a tarefa e depois vim pra escola".

[26] Op. cit., p.53.

[27] Helena Nagamine Brandão, *Subjetividade, argumentação, polifonia. A propaganda da Petrobras*, São Paulo, Unesp, 1997, pp.102-103.

[28] José Luiz Fiorin, *Em busca do sentido*, São Paulo, Contexto, 2008, p.139.

[29] Luiz A. Marcuschi, *Da fala para a escrita. Atividades de Retextualização*, 4. ed., São Paulo, Cortez, 2000.

[30] Op. cit., p.46.

# PARA ENCERRAR...

Como disse no início, escrevi este livro pensando no professor de Língua Portuguesa. A ele cabe a difícil tarefa de formar não só leitores críticos, mas também cidadãos que consigam produzir textos adequados a diferentes situações comunicativas. Acredito que para promover tal formação é necessário dispor de um conjunto de conhecimentos teóricos, conceitos e categorias de análise cuja produtividade nos processos de leitura e de escrita procurei mostrar e discutir.

Como o leitor deve ter percebido, não se trata, no geral, de um material diretamente aplicável, não foi essa a intenção, mas acredito que as reflexões aqui apresentadas podem abrir possibilidades de o professor selecionar melhor os textos a serem trabalhados com os alunos, uma seleção que incide não apenas sobre seu "conteúdo", mas sobre o *como* são tecidos, os recursos expressivos agenciados em sua construção.

Para proceder às análises, selecionei textos de diferentes gêneros, pois considero que não se trata de privilegiar este ou aquele gênero, mas de *como* olhar os textos e perceber neles toda sua complexidade. Essa percepção permite desvelar aspectos cruciais para a interpretação, como críticas indiretas, ou a imposição de um certo modo de ver/avaliar o mundo. Insisto: o que faz a diferença é o olhar do leitor, um olhar que apreende aspectos relevantes, capaz de observar o que seria interessante apontar, discutir e refletir. Trata-se de um olhar *curioso*, diferente do que costuma ser exigido do professor de Língua Portuguesa – o olhar normativo/prescritivo.

Em relação à escrita, minha preocupação foi precisar o conceito de *escrever bem*, dar a ele um caráter mais "palpável", desvinculando-o de noções equivocadas, como a de que escrever é um dom reservado a poucos, ou mesmo de noções imprecisas, como a de "criatividade". Para isso, apresentei uma série de aspectos ligados ao trabalho com a escrita, aqueles que considero importantes na construção de textos adequados e bem-escritos.

Espero que a leitura deste livro contribua para levar o professor de Língua Portuguesa a assumir-se como autor de suas leituras, autor de seus textos. Um professor formador de leitores críticos, formador de sujeitos-autores.

# BIBLIOGRAFIA

BAKHTIN, Mikhail. *Estética da criação verbal*. 2. ed. São Paulo: Martins Fontes, 1997.

BANDEIRA, Manuel. *Poesia completa e prosa*. Rio de Janeiro: Nova Aguilar, 1985.

_____. *Berimbau e outros poemas*. Rio de Janeiro: José Olympio, 1986.

BATISTA, A. G. & ROJO, R. & ZUNIGA, N. C. "Produzindo livros didáticos em tempos de mudança (1992-2002)". In: COSTA VAL, M. G. & MARCUSCHI, B. (orgs.). *Livros didáticos de língua portuguesa: letramento e cidadania*. Belo Horizonte: Ceale/Autêntica, 2005.

BRANDÃO, Helena Nagamine. *Subjetividade, argumentação e polifonia. A propaganda da Petrobras*. São Paulo: Editora da Unesp, 1997.

BRAYNER, Sonia (org.). *Coleção Fortuna Crítica Graciliano Ramos*. 2. ed. Rio de Janeiro: Civilização Brasileira, 1978.

CANDIDO, Antonio. "Inquietudes na poesia de Drummond". In: *Vários escritos*. São Paulo: Duas Cidades, 1970.

_____. *O estudo analítico do poema*. 3. ed. São Paulo: Humanitas Publicações, 1996.

CAGLIARI, Luiz Carlos. *Alfabetização & Linguística*. 10. ed. São Paulo: Scipione, 2006.

CHACON, L. *Ritmo da escrita: uma organização do heterogêneo da linguagem*. São Paulo: Martins Fontes, 1998.

COSTA VAL, Maria da Graça. "Atividades de produção de textos escritos em livros didáticos de quinta a oitava séries do ensino fundamental". In: BATISTA, A. A. G. & ROJO, R. *Livro didático de língua portuguesa, letramento e cultura da escrita*. Campinas: Mercado de Letras, 2003.

DAHLET, P. "A produção escrita. Abordagens cognitivas e textuais". In: *Trabalhos de Linguística Aplicada*. Campinas: Editora da Unicamp, 1994.

DUCROT, O. *O dizer e o dito*. Campinas: Pontes, 1987.

## 202 Professor, leitura e escrita

ECO, Umberto. *Lector in fabula. A cooperação interpretativa nos textos literários.* Lisboa: Editorial Presença, 1979.

FARACO, C. A. *Linguagem e diálogo. As ideias linguísticas do círculo de Bakhtin.* Curitiba: Criar Edições, 2003.

FIORIN, José Luiz. *As astúcias da enunciação.* São Paulo: Ática, 1996.

_____. *Introdução ao pensamento de Bakhtin.* São Paulo: Ática, 2006.

_____. *Em busca do sentido. Estudos discursivos.* São Paulo: Contexto, 2008.

FRANCHI, Carlos. "Criatividade e Gramática". In: *Mas o que é mesmo Gramática?* São Paulo: Parábola Editorial, 2006.

FOUCAULT, M. *O que é um autor.* Lisboa: Garrido e Lino Ltda., 1992.

GERALDI, João Wanderley. "O professor como leitor do texto do aluno". In: MARTINS, M. Helena (org.). *Questões de linguagem.* 5. ed. São Paulo: Contexto, 1996.

_____. *Portos de passagem.* 3. ed. São Paulo: Martins Fontes, 1995.

_____. *Linguagem e ensino. Exercícios de militância e divulgação.* Campinas: Mercado de Letras, 1998.

ILARI, R. *Introdução à semântica. Brincando com a gramática.* São Paulo: Contexto, 2001.

KOCH, I.V. *O texto e a construção dos sentidos.* 3. ed. São Paulo: Contexto, 2000.

_____. *Desvendando os segredos do texto.* São Paulo: Cortez, 2002.

_____. "Sobre a seleção do núcleo das formas nominais anafóricas na progressão referencial". In: NEGRI, L. & FOLTRAN, M. J. & OLIVEIRA, Roberta Pires de (orgs.). *Sentido e significação. Em torno da obra de Rodolfo Ilari.* São Paulo: Contexto, 2004.

_____ & ELIAS, Vanda M. *Ler e compreender os sentidos do texto.* São Paulo: Contexto, 2006.

LABOV, Willian. *Language in the Inner City.* Philadelphia: University of Pennsylvania Press, 1972.

MAINGUENEAU, D. *O contexto da obra literária.* São Paulo: Martins Fontes, 1995.

_____. *Pragmática para o discurso literário.* São Paulo: Martins Fontes, 1996.

_____. *Análise de textos de comunicação.* São Paulo: Cortez, 2001.

_____. *Cenas da enunciação.* Curitiba: Criar Edições, 2006.

_____. *O discurso literário.* São Paulo: Contexto, 2006.

MARCUSCHI, Luiz Antonio. "A ação dos verbos introdutores de opinião". *INTERCOM*, Revista Brasileira de Comunicação: São Paulo, 1991.

_____. *Da fala para a escrita. Atividades de retextualização.* 4. ed., São Paulo: Cortez, 2000.

_____. "Gêneros textuais: definição e funcionalidade". In: DIONISIO, A. P. & MACHADO, A. R. & BEZERRA, M. A. (orgs.). *Gêneros textuais e ensino: definição e funcionalidade.* Rio de Janeiro, Lucerna: 2002.

_____. "Gêneros textuais emergentes no contexto da tecnologia digital". In: MARCUSCHI, L.A. & XAVIER, C. A. (orgs.). *Hipertexto e gêneros digitais.* 2. ed. Rio de Janeiro: Lucerna, 2005.

_____. "Compreensão do texto: algumas reflexões". In: DIONISIO, Angela Paiva &

BEZERRA. M. A. (orgs.). *O livro didático de Português: múltiplos olhares*. 3. ed. Rio de Janeiro: Lucerna, 2005a.

MARCUSCHI, B. & CAVALCANTE, M. "Atividades de escrita em livros didáticos de língua portuguesa: perspectivas convergentes e divergentes". In: COSTA VAL, M. G. & MARCUSCHI, B. (orgs.). *Livros didáticos de língua portuguesa: letramento e cidadania*. Belo Horizonte: Ceale/Autêntica, 2005.

MAYRINK-SABISON, M. L. "O que se ensina quando se ensina a ler e escrever? Ensina-se, mesmo, a ler e a escrever?". In: *Leitura: teoria & prática*, n. 38, 2002.

MELO, J. M. de. *Jornalismo opinativo: gêneros opinativos no jornalismo brasileiro*. 3. ed. Campos do Jordão: Mantiqueira, 2001.

OSAKABE, H. *Argumentação e discurso político*. 2. ed. São Paulo: Martins Fontes, 1999.

PÊCHEUX, Michel (1969). Análise Automática do Discurso (AAD-69). In: GADET, F. e HAK, T. (orgs.). *Por uma análise automática do discurso: uma introdução à obra de Michel Pêcheux*. Campinas: Editora da Unicamp.

PÉCORA, Alcir. *Problemas de redação*. 4. ed. São Paulo: Martins Fontes, 1992.

POSSENTI, S. *Discurso, estilo e subjetividade*. São Paulo: Martins Fontes, 1988.

_____. Indícios de autoria. In: *Perspectiva: Revista do Centro de Ciências da Educação*. V. 20, nº 1, p. 105-124, jan/jun. 2002, Florianópolis, UFSC.

_____. *Aprender a escrever (re)escrevendo*. Coleção Linguagem e Letramento em foco. CEFIEL/MEC, 2005.

_____. Enunciação, autoria e estilo. In: ALVES, W. & RODRIGUES, M. (orgs.). *Discurso e sentido: questões em torno do ensino, da mídia, da história*. São Paulo: Claraluz, 2007.

RAMOS, Graciliano. *Infância*. 32. ed. Rio de Janeiro: Record, 1998.

SOARES, Magda. "A escolarização da leitura literária". In: BRANDÃO, H. M & MACHADO, M. Z. (orgs.). *A escolarização da leitura literária*. 2. ed. Belo Horizonte: Autêntica, 2006.

VILLAÇA, Alcides. "O resgate íntimo de Manuel Bandeira". In: LOPEZ, Telê P. A. (org.). *Manuel Bandeira, verso e reverso*. São Paulo: T. A. Queiroz, 1987.

# A AUTORA

**Jauranice Rodrigues Cavalcanti** é professora do Departamento de Letras da Universidade Federal do Triângulo Mineiro (UFTM). Realizou seu mestrado em Letras na Universidade de São Paulo e o doutorado e pós-doutorado em Linguística no IEL-Unicamp.

# Cadastre-se no site da Contexto
e fique por dentro dos nossos lançamentos e eventos.
www.editoracontexto.com.br

Formação de Professores | Educação
História | Ciências Humanas
Língua Portuguesa | Linguística
Geografia
Comunicação
Turismo
Economia
Geral

Faça parte de nossa rede.
www.editoracontexto.com.br/redes

**GRÁFICA PAYM**
Tel. [11] 4392-3344
paym@graficapaym.com.br